청담동 며느리의
변신은 무죄

청담동 며느리의 변신은 무죄

초판 1쇄 발행 2026년 1월 30일

지은이 곽지원
펴낸이 장길수
펴낸곳 지식과감성#
출판등록 제2012-000081호

교정 이주연
디자인 강샛별
편집 강샛별
검수 김지원, 정윤솔
마케팅 김윤길

주소 서울시 금천구 벚꽃로298 대륭포스트타워6차 1212호
전화 070-4651-3730~4
팩스 070-4325-7006
이메일 ksbookup@naver.com
홈페이지 www.knsbookup.com

ISBN 979-11-392-3061-1(03810)
값 16,700원

지식과감성#
홈페이지 바로가기

청담동 며느리의 변신은 무죄

곽지원 지음

지식과감성#

목차

3장

처음 보는 너
Color outside the lines

4장

개명 시대
I've got a name

5장

어먹행먹

She's got fever

6장

거울 속의 나

Reflection

7장

아직도 꿈꾸는 자
Push the envelope

8장

그들만의 리그
The league of their own

9장

낭만 시대
My Past Lives

10장

뚝딱거려도 괜찮아
Beginner's Luck

11장

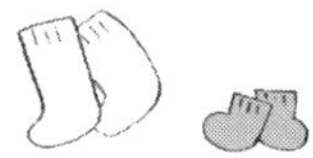

등골 브레이커
Tamed Heart

12장

황금 시대
Home Sweet Home

작가의 말

오늘도 나만의 동굴이자 피난처, '생크추어리(sanctuary)'에 올라와 있다. 바로 우리 집 복층이다.

샛노랗게 만개해서 방을 환하게 밝히는 황금 나팔꽃 화분 뒤로 보이는 테라스에는, 안 쓴 지 몇 년 된 그릴과 야외용 테이블, 햇빛과 바람과 비와 눈을 온전히 다 맞아가며 늙어가는 나무 데크가 있다.

처음에는 갑자기 날아 들어온 새들의 날갯짓에도 깜짝 놀랐다. 자기 집 앞마당인 양 깡충깡충 산책하는 광경이 신기했다. 이제는 커다란 까마귀가 와서 돌아다녀도 놀라지 않는다. '자식들, 또 놀러 왔네' 그런다. 얼마 전에는 테라스 난간 위로 청설모 2마리가 이어달리기를 했다. 무슨 먹거리가 있다고 5층 높이까지 올라왔을까. 나만의 은신처 바로 앞으로, 이렇게 자연이 먼저 찾아온다.

놀이터도 없고 마을버스도 안 올라오는 언덕배기 빌라촌. 손이 닿을 듯한 뒷산에는 이른 새벽녘 고라니가 돌아다니고, 딱따구리가 나무를 쪼아 대는 소리가 잠을 깨운다. 블루투스 스피커로 연결해서 듣는 플레이리스트 틈새로 종종 '이름 모를 새'들의 지저귐이 끼어든다. 바람이 산속의 나무들을 훑고 지나가는 소리도 귓가를 간지럽힌다. 눈과 코가 아니라 귀로 느끼는 자연은, 이 공간에서는 온전히 내 것이다.

글을 쓰려면 사람을 관찰하고 경험을 쌓는 게 중요하다고 한다. 하지만 동시에 엉덩이가 무거워야 한다고도 한다. 진득하게 오래 앉아서, 무조건 써야 써진다고 한다.

"생각하지 마라! 그건 나중에 해도 된다. 초고는 가슴으로 쓰고, 퇴고는 머리로 쓴다. 글쓰기에서 제일 중요한 건 무조건 쓰는 거다, 생각하는 게 아니라!"

영화 〈파인딩 포레스터〉에서 은둔 작가로 나오는 숀 코네리의 대사가 뇌리에 박혔다. 그 얘기를 수업 시간에 다시 들었을 때 어찌나 반갑던지! 그래, 쓰다 보면 써진다. 글은 엉덩이로 쓰는 거다.

끊임없이 자극을 주는 박상률 교수님의 합평과 가르침이 없었다면, 혼자서 이 골방에만 틀어박혀 있었다면, 끝내 책을 못 냈을 거다.

'등단'이라는 정류장을 지나 이제 '출판'이라는 정류장에 닿았다. 그

다음은 무얼까? 매너리즘에 빠지거나 스트레스가 없으면 한없이 게을러지는 성격이니, 또 다른 목표를 정해서 뚜벅뚜벅 걸어가야겠다.

기꺼이 글감이 되어준 남편, 그리고 책에서 '등골 브레이커' 1호와 2호라는 반어법으로 애정을 표현한 두 딸에게도, 내가 이 나이에 마음 놓고 글을 쓸 수 있게 잘 살고 있어서 고맙다고 말하고 싶다.

헤드헌터, 편집위원, 동문회 임원, 유튜버 등 1인 4역 이상을 하고 있는 요즈음, 글을 쓰는 시간이 더욱 고프다. 키보드를 두드리는 경쾌한 소리와 함께 늘어가는 문장을 볼 때만 찾아오는 만족감은 세상 그 무엇과도 비교할 수 없다. 글감을 정리하며 초고를 쓰고 몇 번이고 퇴고를 할 때는, 다른 역할은 다 잊는다. 그때만큼은 글 쓰는 사람으로 돌아온다.

가장 나다운 순간, 행복한 순간이다.

2025년 가을에

곽지원

1장

예상 못 한 그림

I didn't see it coming

성공한 여자

"지원아, 총동문회 사무국장님이 일할 사람을 찾는다고 해서, 내가 너를 추천했는데…. 네가 학교신문 기자도 했고, 이번 일에 적임자일 거 같아서 말이야."

동문회에서 발간하는 웹진의 편집 팀원을 충원한다고 연락이 왔다. 아마 몇 달 전이었다면 단칼에 거절했을 텐데, 역시 모든 일은 타이밍이 가장 중요하다. 임금피크제로 마음이 심란하던 차에 조금 더 바쁘게 살면 나으려나, 하는 마음으로 덜컥 수락하고 말았다.

내가 졸업한 여고에서는 매년 100명이 넘는 학생이 우리 대학으로 진학했다. 애초에 여대에 원서를 넣은 것도 내 뜻이 아니었다. 고3 담임 선생님과 엄마의 합동작전으로 귀신에 홀린 듯이 원서를 썼다.

나처럼 학력고사 점수에 맞추어서, 혹은 부모님과 학교의 강요에 떠밀려서 입학한 수많은 동창과 선배들을 생각하니, 동문회에 나가고 싶은 마음이 아예 없었다. 당시만 해도 삼십여 년 후에 내가 동창회도 아니고 총동문회 임원이 될 줄은 상상조차 못 했다.

그동안 학교신문 후배 기자 두어 명하고만 싸이월드를 통해서 다시 연결되어 모임을 해왔고, 여고 선배나 동창들과는 만나지 않고 있었다. 결혼 생활, 직장 생활을 하면서 손윗사람보다는 아랫사람과 더 궁합이 잘 맞는다고 느꼈다. 권위주의와 꼰대 심리를 싫어하다 보니 선배들과는 자연스럽게 멀어졌다.

직장에서도 나보다 어린 사람들 틈에서 일하는 경우가 많고, 나이보다 젊게 생각하고 젊게 산다는 말을 많이 들었다. 윗사람들이 직급을 앞세워 횡포 부리는 걸 참지 못하고, 기회만 생기면 바른 소리를 해댔다. 젊은 직원들은 내가 총대를 대신 메니 고마워하면서 의지하고, 위에서는 나를 골칫거리로 생각했다.

이런 내가 층층시하의 동문회에 입성할 때, 두려움이 없었다면 거짓말이다. 정 아니다 싶으면 그만두면 되지. 새로운 취미 생활을 시작할 때처럼 또 대책 없이 발을 들여놓았다.

내가 동문회 임원이 됐다고 말하니 가까운 사람들은, “어머, 언니 성공했네요.”, “앗, 부장님. 성공한 사람들만 나가는 동문회를!” 하며 웃었다.

웹진 편집팀은 시간과 재능을 기부하는 자리이다. 일 년에 네 번 발행하지만, 원고 편집과 마감은 참 빠르게 다가오는 느낌이다. 발행 전후로 회의도 많다. 대면 회의나 회식도 하지만, 세 명이서 카카오톡 그룹 콜도 정기적으로 한다.

한번은 내 방에서 스피커폰으로 회의를 한 시간 정도 했나, 나중에 남편이 그런다. “나는 또 누구랑 싸우는 줄 알았네. 왜 그렇게 시끄러워?" 같이 웃고 넘어갔지만, 그만큼 다들 열심히 회의했다는 증거가 아닐까?

웹진을 만들면서 다양한 동문 선후배들에게서 원고를 받고, 때로는 인터뷰도 한다. 멀리 뉴욕이나 캘리포니아에 있는, 까마득하게 높은 기수의 선배들과 이메일을 주고받기도 한다.

퇴임 후 큰 기부금을 낸 남자 교감 선생님과 했던 전화 인터뷰, 그리고 상상을 초월하는 거액의 유산을 모두 학교에 기부하고 작고하신 선배님의 이름을 따서 만든 홀 개관식 때 다짜고짜 인터뷰 요청을 했는데도 흔쾌히 응해 주신 C 선배와의 인터뷰가 기억에 남는다. 그 분은 내가 나온 대학의 총장까지 역임한 분이어서 감회가 새로웠다.

같은 기수끼리만 모이는 동창회였다면 절대 만날 수 없는 다양한 선후배들을 동문회에서 만났다. 특히 같은 팀에 있는 나보다 열 살 많은 J 편집장님, 일 년 위인 M 선배는 나와는 성향이 다르지만 서로 보완이 되는 관계다. 유일한 공통점은 셋 다 혈액형이 B형이라는 거!

세상의 잣대와는 다른 의미로, 나는 성공한 사람이다. 동문회를 통해서 시야가 넓어졌고, 다양한 일과 관계에 입문했기 때문이다. 새로운 도전은, 껌딱지처럼 붙어오는 스트레스를 견딜 가치가 있다.

미스 리의 미소

코로나19 훨씬 전 회사에서 집합교육을 받을 때, 한 여자 강사가 했던 말 가운데 딱 하나가 뇌리에 박혔다.

"미스 리~~~ 하면서 거울을 보고 미소를 지으세요. 이걸 매일 연습하시면, 인상도 달라집니다."

회사 동료들과 표정 연습을 하면서도, 말처럼 쉽지 않다고 느꼈다. 요즘도 가끔 그녀의 말이 떠오를 때면, 버스나 지하철의 유리를 거울삼아 '미스 리~'를 연습한다. 얼굴 근육은 왜 그렇게 고집이 센지, 입꼬리가 자연스럽게 올라가지 않는다.

작년부터 고등학교 동문회 활동의 하나로 유튜브 채널을 시작했다. 한 학년 위 선배와 함께 기획하고 대본 쓰고, 출연까지 한다. 둘이서 북 치고 장구 치는 격이다. 위에서 하라고 시킨 것도 아니고, 그저 둘이 죽이 맞아서 이런저런 아이디어를 내며 사서 고생하고 있다. 띄엄띄엄 구독자 수가 늘어날 때, 일부 영상의 조회 수가 1만 회가 넘어갈 때 희열을 느끼며….

어떤 콘텐츠를 만들지 아이디어를 짜고 대본을 쓰는 일은 무척 즐겁고 신난다. 하나도 힘들지가 않다. 그런데 직접 출연하는 건 완전히 다른 세상이다. 헤어, 메이크업도 계속 수정해야 하니, 헤어 롤은 물론이고 온갖 화장 도구를 가지고 간다. 의상이 가장 큰 문제다. 영상에 상체만 나오기는 해도, 이제 열 편 이상 촬영하고 나니 옷장에서 고를 옷이 없다. 그래서 최근 촬영 전에는 부랴부랴 온라인으로 상의 몇 벌을 구입했다.

'반대편 잔디가 더 푸르러 보인다(The grass on the other side is always greener).'라는 말이 있다. 예전에 카메라의 반대편에서 온라인 강사의 촬영 현장을 관리감독할 때는 몰랐다. 카메라 앞에서 자연스럽게 미소 짓기가 얼마나 어려운지를.

작은 핸드폰 카메라 화면에 비친 내 얼굴에 익숙해지기까지 몇 달이 걸렸다. 촬영이 길어질수록 끝없이 내려오는 다크서클과 싸우며, '즐거운 척', '하나도 안 힘든 척' 속으로 계속 미스 리를 외쳤다.

촬영 날이면 무거운 가방을 들고 집을 나서는 내 뒤통수에 대고 남편이 물었다.

"그거 하고 얼마 받아?"

당연히 무보수에 봉사직인 것을 알면서도 놀리는 재미에 그런다.

촬영에 녹초가 되어갈 무렵, 예전에 '방구석 이문화(Show Me

the World)'라는 시리즈에 출연했던 강사에게서 카톡이 왔다.

팀장님~ 잘 지내시죠? 안부 차 연락드려요. 아직도 '쇼 미 더 월드' 찍었던 날들 기억하며 미소 짓곤 합니다! 정말 재밌었는데!!! (저만 재밌었던 게 아니길 바라며…) 항상 감사하는 마음 가지고 지내고 있습니다. 오늘 날씨 너무 좋네요! 행복한 하루 보내세요! (그녀가 보낸 수많은 이모티콘은 생략한다)

마치 나를 응원하듯 기막힌 타이밍에 도착한 메시지. 늘 자연스럽고 아름다운 미소를 짓던 그녀. 퇴사 소식을 전하자 너무 놀라며 또 예쁜 말로 나를 비행기 태운다. 그렇게 꿀맛 같은 재충전을 하고, 나머지 촬영에 씩씩하게 들어갔다.

카메라에 비친 얼굴이 많이 부드러워졌다. 미스 리 없이도 미소가 그럴듯하게 배어 나온다. 주고받는 애드리브 속에 명치에서부터 웃음보가 터진다. 선배 왈, "'쟤들은 왜 자기들끼리 저렇게 즐거워?' 그러는 거 아냐?" 그런들 어떠하리, 저런들 어떠하리.

웃음도 전염이 된다고 하지 않나. 행복해서 웃는 게 아니라 웃어서 행복해지는 거라고. 오늘도 카메라 속의 나를 향해 예쁘게 웃어본다. 행복해져라, 행복해져라, 주문을 외우며.

'부캐' 시대

처음 이메일 주소 만들 때를 기억하나요? 태어난 연도를 멋모르고 넣었다가 나중에 후회한 적은 없나요? 아무 생각 없이 만든 이메일 주소가 나의 또 다른 정체성으로 둔갑할 때, 당황하지는 않았나요?

'부캐(副character)'의 역사는 생각보다 오래되었다. 월드 와이드 웹(www)이 일상으로 자리 잡으면서, 누구나 이메일 주소가 한두 개는 있다. 그렇게 부모가 준 이름 외에 또 하나의 이름이 생겼다. 내가 갖고 싶은 아이디를 다른 사람이 선점했음에 절망하며, 아무 숫자나 알파벳을 키보드에 두드린 적은 없는지….

최근에는 연예인이나 인플루언서뿐만 아니라 일반인들도 유튜브에서 부캐를 내세우는 경우가 많다. 태어날 때 받은 이름은 본인이 선택하지 않았지만, 새로운 캐릭터는 직접 만든 이름으로 시작한다는 의미가 있다. 나도 고등학교 선배와 같이 동문회 유튜브에 출연하면서, 이름의 끝 자만 따서 '워니'라고 인사한다. 선배 역시 이름 끝 자인 '영이'라고 부른다. '워니와 영이'. 학창 시절 가졌던 라디오 DJ의 꿈을, 이렇게라도 이루었다. 부캐의 힘이다.

이메일 주소에 《해리 포터》 덕후라고 티 내는 'harrymaniac'이나 영어 이름인 'Fely'만 넣다가, 몇 년 전 블로그를 만들면서 처음으로 부캐 이름을 지었다. 정말 많이 고민했는데, Fely와 같은 앞 글자로 시작하는 형용사 'Fabulous(기막히게 좋은, 멋진)'를 생각해 냈다. 영어 수업에서 본인 이름 앞 글자와 같이 시작하는 형용사로 자신의 성격이나 외모를 묘사하는 활동이 있는데, 거기에서 힌트를 얻었다. '50대가 좋다'는 의미로 숫자 50을 붙이니 'Fabulous50'이 되었다.

이름대로 산다고 하지 않나. 기막힐 만큼 멋지게 살고 싶어 그렇게 지으니 기분도 좋고, 그렇게 살아질 것만 같다. 부캐의 힘이다.

최근에 이메일 주소를 하나 더 파면서 'happy gangster'라는 이름을 쓰기 시작했다. '행복한 갱스터', 그 의미는 '행복하게 갱년기를 보내는 사람'이다. 한국어 '갱년기'와 영어 '갱스터'의 앞 글자가 같아서, 언어유희를 해보았다.

갱년기를 겪고 있거나 지나온 사람이라면 안다. '갱년기'와 '행복'은 거의 반대말이나 다름없다는 것을. 갱년기 전과 후로 나뉠 만큼 성격이 바뀌는 사람도 있고, 사춘기도 이기는 게 갱년기라고 하니, 어디 감히 '행복'과 나란히 오겠나. 호환 마마보다 무서운 게 갱년기다. 그러니까 더더욱 갱년기를 행복하게 보내고 싶다는 욕구가 생겼다.

쉘 실버스타인이 쓴 동화 《The Missing Piece(어디로 갔을까,

나의 한쪽은)》를 좋아해서, 예전에 영어 유치원에서 우리 반 아이들이 무대에 올릴 영어 연극 대본을 이 스토리로 만든 적이 있다. 잃어버린 조각을 찾아서 방랑하는 이야기인데, 단순하지만 심오하다. 한 조각이 끼워 맞춰져야 온전한 동그라미가 된다. 그 여정은 외롭지만 아름답다.

누구나 자아를 찾는 여정을 해본 적이 있으리라. 수많은 고등학생, 대학생이 무슨 공부를 하고 싶은지, 무슨 일을 잘하는지 알지 못해 방황한다. 그 여정이 청년기에 끝나면 나름 운이 좋은 사람이다. 어떤 이들은 끝내 진정한 자아를 찾지 못하고, 자신이 어떤 사람인지 제대로 파악하지 못한 채 살다가 간다.

부캐는 학창 시절에 못 해본 모험을 가능케 한다.

부캐는 세상 사람들의 눈을 의식해서 꽁꽁 숨겨둔 꿈을 실현해 준다.

부캐는 어쩌면 '나'라는 사람을 제대로 완성하는, 마지막 한 조각이다.

어리석은 질문

나의 첫 봉사 활동은 큰딸이 미국에서 유치원을 다닐 때 미미하게 시작되었다. 미국 유치원은 한국처럼 셔틀버스를 운영하지 않고, 부모가 차로 등하교를 시킨다. 우리가 살던 작은 대학 도시는 초등학교 부속 유치원 규모도 작았다. 현장학습을 갈 때도 셔틀버스가 아니라 교사 차량 한 대, 그리고 학부모 차량 두 대 정도에 나누어 이동했다.

그렇게 주기적으로 차량 봉사를 하면서, 담임 교사와 개인적인 대화도 나누니 좋았다. 한번은 농장에 견학 갈 때 보조 교사가 내 차에 탔는데, 그때 처음으로 긴 대화를 나누었다. 봉사하면서 영어로 대화도 하고 교사들과 친해지니, 일석삼조였다. 소방서에 갔을 때는 내 아이가 훈련받는 모습도 가까이에서 보고, 화재 시 행동요령도 배웠다. 내 시간과 차량을 제공했지만 오히려 얻는 게 더 많음을, 처음으로 깨달았다.

한국에 와서 파트타임으로 영어를 가르칠 때는, 동네 성당에서 발행하는 격월간지의 원고 교정을 보는 봉사를 했다. 고등학교 때 학교신문 기자로, 대학교 때는 문학회 회원으로 계속 글을 썼기 때문에, 그 정도 교정은 식은 죽 먹기였다. 다른 동네로 이사 가면서 그만두기는 했지만, 나의 작은 재능도 누군가에게 도움을 줄 수 있고, 거기서 얻는 보람도 꽤 크다는 걸 배웠다.

그 후 직장 생활을 하면서는 영어를 계속 유지하기 위해, 해외 입양인 단체에 자원봉사자로 등록했다. 당시 고등학생이던 저스틴이 몇 년 전에 결혼했을 만큼 세월이 흘렀다. 그의 입양 엄마인 켈리가 혼자 한국으로 여행을 올 때마다 마치 원래 친구처럼 자주 만났고, 저스틴의 한국인 생모도 한동안 따로 만났다.

우리 막내가 대학생일 때는 여름방학에 미국 켈리 집에 가서 한 달 정도 지내면서, 그 집 딸 제니(저스틴의 누나인데 역시 한국에서 입양되었다)와도 가깝게 지냈다. 그 후 켈리와 제니, 그리고 사위가 함께 한국 여행을 왔을 때는 선정릉을 함께 산책하며 소개했다.

몇 달 전 미국 큰딸네 집에 갔을 때, 오랜만에 켈리와 통화를 했다. 그녀가 마지막으로 한국을 방문한 게 팬데믹 전이니, 서로 목소리를 들은 지도 오래되었다. 그런데도 우리의 대화는 바로 며칠 전에 본 사이처럼 자연스러웠다. 영어를 할 기회를 찾아서 시작한 봉사지만, 새로운 가족과 친구를 얻었다.

업무에 필요해서 인터넷을 뒤진 끝에 찾아낸 한국 국제 교류재단(KF) 산하 '한국 문화교실'에서는 3년 넘게 활동하며, 퇴근 후나 주말 시간을 많이 투자했다. 그때 남편이 싫은 소리를 몇 번 했다. 주중에도 일하느라 바쁜데, 주말까지 자원봉사를 한다고 나가니 가만히 있을 사람이 아니다. "아니, 무슨 봉사야? 나한테 봉사를 해라. 가족한테 봉사를 해!" 그렇게 봉건적이고 가부장적인 말에 발끈했지만, 마음 한구석에 약간의 죄책감도 있었다. 내가 살림을 잘하거나 열심히 하는 사람이 아니어서 더 그랬나 보다. 하지만 '슈퍼맘 콤플렉스'는 던져 버린 지 오래. 회사 일과 집안일, 둘 다 잘할 수 없는 그릇이란 건 진작에 알고 있었다. 다만 거기에 '봉사'가 끼어들어서 복잡해졌을 뿐.

한국 문화교실에서는 한국에 거주하는 외국인이나 교환학생, 혹은 관광객을 대상으로, 한국 문화를 체험하는 프로그램을 제공했다. 일년 치 계획을 세울 때 각 프로그램별로 담당자를 정하고, 나머지 봉사자들은 통역과 안내 등 역할을 분담해서 움직였다. 그 활동을 하면서 업무에 도움이 되는 아이디어도 얻었고, 문화 분야의 외부 강사들도 알게 되어 회사에서 진행하는 연수에 고용하기도 했다. 그만큼 많이 배우고 많이 얻었다.

지금은 몇 년째 고등학교 총동문회 임원으로 일하고 있다. 당연히 무료 봉사로 재능과 시간을 투자해야 하지만, 그 이상으로 즐거움과 배움도 크다. 이번만큼은 남편의 축복(?)을 받고 시작했다. "웬일이래?" 의아해하는 나에게 남편은, "동문회 활동은 열심히 하면 좋지! 이번 기회에 당신도 네트워킹 좀 해."라고 말했다. 이제는 우리 동문회를 부러워하는 남편. 오래 살고 볼 일이다.

돌이켜 보면, 일과 가정, 다람쥐 쳇바퀴 도는 일상에서 무언가 신경을 집중시킬 제3의 대상이 필요했다. 그 대상이 때로는 '덕질'이고, 때로는 '봉사'였다. 거기에 온전히 집중하는 동안은, 회사와 집에서 받은 스트레스를 잊었다. 그 시간만큼은 잡념을 떨쳐 버리고, 불필요한 걱정을 멀리했다.

왜 봉사를 하냐고 묻는다면, 참 어리석은 질문이라고 말하겠다. 아무리 생각해도, 봉사활동은 주는 것보다 받는 게 훨씬 많다. 그건 봉사를 해본 사람들만 아는, 우리만의 비밀이다.

* 여기 나오는 외국인 이름(저스틴, 켈리, 제니)은 개인의 정보를 보호하기 위해 다 가명을 사용했다.

쇼는 계속된다

“어머, 이 언니 양말 색깔 좀 봐!”

“완전 깔 맞춤이네!”

나는 키득키득 웃으며 대답했다.

“내 취미가 깔 맞춤이에요.”

외출하려고 옷장을 뒤질 때, 항상 염두에 두는 게 양말 색깔이다. 특히 요즘 자주 입는 스커트와 운동화 사이에서 그 존재감이 뚜렷한 양말을 소홀히 할 수 없다. 상의 혹은 운동화와 양말 색을 맞추고 나가면 그냥 발걸음이 가볍다. 사소하지만 이것 역시 ‘소확행(小確幸)’이다.

주 4회 재택근무를 할 때도 딱 하루 사무실에 나가는 날, 더 신경 써서 차려입었다. 팬데믹을 거치며 옷장 속의 정장과 신발장 속의 하이힐에는 먼지만 쌓여갔다. 그래도 비즈니스 캐주얼로 갖춰 입는 것과 맨투맨 티를 입고 나가는 건 천지차이다. 청바지를 입을 때와 원피스를 입을 때, 자세와 걸음걸이부터 다르다. 예전부터 기분이 울적할수록 더 차려입고 싶었다. 예쁜 옷을 입으면 가라앉던 에너지도 쑥 올라갔다.

몇 년 전 TV에서 시니어 모델 오디션 프로그램을 보았다. 오십이 넘어서 혹은 은퇴 후 새로운 경력에 '패션모델'이라는 직업이 추가되면서, 키 크고 날씬하면 누구나 모델이 될 수 있는 세상이다.

하지만 키도 작고 갱년기 군살도 많이 붙은 내게는 그림의 떡이다. 그 오디션 프로그램에서 우승한 70대 할머니를 인스타그램에서 팔로우하지만, 나 자신이 '런웨이'에 서는 건 상상조차 해본 적이 없다.

그런데 인생이 내게 또 하나의 커브 볼을 던졌다. 고등학교 동문회에서 시범 케이스로 '바르게 걷기' 과정을 여는데, 총 10회의 수업은 런웨이 쇼로 마무리가 된다는 소식이 떴다. 매주 수요일 오후에 2시간씩 하는 수업. 마침 수요일에 다른 붙박이 일정도 없으니 망설이지 않고 신청했다.

첫 수업에는 꼭 운동화를 신고 바지를 입고 오라는 강사의 당부대로, 편한 신발을 신고 나갔다. 한쪽 면이 거울로 되어 있는 동창회관 홀에는 15명의 동문이 모였다. 최고령인 72세 선배부터 56세의 후배까지, 기수에 구애받지 않고 모이는 수업이다. 모든 동호회가 같은 기수끼리만 모이는 것에 비하면, 여러 면에서 파격이다.

거울에 발뒤꿈치부터 머리까지 1 자로 붙이고 서서 팝송 하나가 끝날 때까지 버티기가 그렇게 힘들 줄이야! 등에서 땀이 나고 종아리가 쑤시고, 그냥 서 있는데도 운동 효과가 있는 신세계를 만났다.

집에서도 벽에 딱 붙어 서 있기 연습을 하는데, 5분만 지나도 좀이 쑤시고 버티기가 힘들었다. 5분이 그렇게 길게 느껴진 적이 있던

가. 율동 공원에 운동을 나가면, 중간중간에 수업 시간에 배운 대로 걸어본다. 발을 복숭아뼈 있는 데까지 들어 올리고, 뒤꿈치부터 내딛고, 뒷발의 엄지에 힘을 주면서 앞으로 밀고…. 강사의 말을 되새기며 '워킹'을 해 봤다.

드디어 하이힐을 신고 연습하는 날! 힐을 안 신은 지 너무 오래돼서 두렵다. 이 또한 이겨내자. 60, 70이 넘은 선배들도 하는데, 약한 모습은 보이지 말자. 런웨이에서 어떤 옷을 입게 될지 모르지만, 무엇을 하든 다 처음이고 새롭다.

이번 바르게 걷기 수업과 런웨이는, 코너를 돌 때 갑자기 나타난 장애물 같다. 그래도 즐거운 도전이다. 더 이상 새로운 건 없다고 생각하는 순간, 다 끝났다고 단정할 때 나타난 재미다. 어쨌든 쇼는 계속되고, 나는 쭈욱 직진한다. 〈The show must go on〉(그룹 퀸(Queen)).

내가 걸으면 길이 된다

발상의 전환이 필요하다.

"일주일에 한 번, 수업 때만 연습하시죠? 그럼 안 돼요! 지하철역, 길거리, 아무 데서나 계속 연습하셔야 해요."

강사의 일침에 다들 숙연해졌다. 바로 다음 날, 외출하는 길에 조금 일찍 나왔다. 때마침 필로티 주차장의 두 칸이 비어 있다. 거기서 '워킹'을 연습했다. 앞 동에서 행여 누가 창밖을 내다보다가, '저 아줌마 지금 뭐 하는 거지?'라고 의문을 품으면 어떠냐. 남의 시선은 중요하지 않다고, 스스로를 세뇌시켰다.

1 자로 걷다가, 런웨이 끝에서 취하는 탑 포즈의 기본은 5 대 5다. 양발을 어깨너비로 벌리고, 한 손 혹은 양손을 허리에 올리고 '얼음 땡'. 그러고 나서 턴을 하는데, 종류도 많다. 오른발을 앞으로 내디뎠다가 하는 '찍고 턴', 왼발을 중심축으로 하는 'T 턴', 두 사람이 손뼉을 마주치고 도는 턴, 180도가 아니라 90도로 돌아서 관객 쪽 바라보기 등등.

버스에서 내려 백화점으로 들어가는 길에는 계단과 오르막 통로,

두 가지 선택지가 있다. 연습을 하려면 당연히 오르막 통로다. 통로 양쪽에 키보다 높은 담이 있지만, 행여나 뒤에 누가 오거나 앞에 마주칠 사람은 없는지 조심스럽다. 죄를 짓는 것도 아닌데, 그냥 워킹 연습일 뿐인데도 조마조마하여 주변을 살피게 된다.

연습은 백화점 안에서도 이어졌다. 마침 공사 중인 매장이 많은 통로는 최적의 환경이다. 여러 가지 턴도 해보며 과감해진다. 아무도 없는 화장실 안의 기다란 복도도 워킹에 안성맞춤이다.

집에서는 새로 산 하이힐을 신고, 카펫 위에서 연습을 했다. 밖에서 워킹할 때보다 길이가 훨씬 짧지만, 턴 중심으로 걸었다. 쇼가 얼마 안 남았으니 핑계를 댈 수가 없다. 다 끝난 다음에 아쉬워하거나 후회하지 말자. 주어진 시간 동안에 최선을 다해 보자. 내 생애 처음이자 마지막 런웨이 쇼가 될 수도 있지 않은가!

워킹이라는 렌즈로 보니, 세상이 새롭게 보인다. 시선을 조금만 바꾸면, 아니 등을 돌려 시야를 바꾸면 보이는 새로운 길. 돌고 도는 인생, 이렇게 돌아도 저렇게 돌아도, 늘 새로운 방향이다. 내가 걸으면 길이 된다.

원래 땅 위에는 길이란 게 없었다.
걸어가는 사람들이 많아지면 그게 곧 길이 되는 것이다.

- 루쉰 소설 《고향》에서

2장

평범한 것이 가장 어렵다

Thanks to my terrible childhood

더 사랑하는 사람이 지기 마련이다

평범한 것이 가장 어렵다

'아낌없이 주는 나무'

'크레이머 대 크레이머'

탈출

'커밍아웃'

더 사랑하는 사람이 지기 마련이다

호주 오픈이 한창이다. 그랜드 슬램 대회 중 한국과 시차가 가장 적게 나는 멜버른에서 열리니, 연초면 늘 호주 오픈을 챙겨 본다. 세계 랭킹이 높아서 시드(seed)를 받은 선수가 실력을 뽐내는 것도 좋지만, 시드 없이 출전한 선수가 승승장구하는 모습을 볼 때의 희열도 상당하다.

테니스를 정식으로 배운 적은 없다. 하지만 어릴 때 아빠 옆에서 TV 중계로 비외른 보리(Bjorn Borg, 스웨덴)의 경기를 보면서 첫눈에 반한 기억이 있다. 어떤 스포츠라도 선수 한 명을 좋아하기 시작하면, 실제로는 못 하는 운동도 재미있게 볼 수 있다. 야구, 피겨스케이팅, 테니스, 골프, 배구, 모두 그렇게 규칙을 익히고 중계를 즐겨 보았다.

아빠는 전혀 자상한 분이 아니었지만 스포츠에 대해서 물어보면 조곤조곤, 이해하기 쉽게 가르쳐 주셨다. 그렇게 대부분 영어로 되어 있는 테니스 용어를 금방 익혔다. 남동생 둘은 테니스에 그다지 관심이 없었고, 아빠와 함께 늘 그랜드 슬램 경기를 본 식구는 나뿐이었다.

아빠가 가장 오래 한 운동도 테니스였다. 회사에서 테니스 대회가 열리면 상도 받고, 성당에 다니는 다른 아저씨들과 복식 경기도 자주 하셨다.

운동은 못해도 TV 중계 보는 건 좋아하는, 내가 생각해도 희한한 취향 때문에 세계적인 선수들의 경기를 많이 보았다. 마이클 창, 안드레 애거시, 비너스 윌리엄스 등이 내가 좋아한 선수들이다. 마이클 창이나 비너스 윌리엄스는 사실 다른 선수의 그늘에 가려진 2인자 이미지가 강하다. TV 오디션 프로그램을 볼 때도 내가 응원하는 참가자는 준우승을 할 때가 많다.

올해 호주 오픈 결승전에서도 세트 스코어 2-0으로 지고 있던 야닉 시너(2001년생, 이탈리아)를 응원하니까, 지나가던 남편이 한마디를 보태었다.

"당신은 왜 맨날 지는 쪽을 응원해?"

하지만 시너는 5세트까지 가는 접전 끝에 우승했고, 그 과정을 지켜보는 내내 짜릿했다. 한 선수가 오랜 세월 독점하며 우승 기록을 경신하는 것보다는, 신예들이 성장하며 노장을 꺾는 모습에서 더 희열을 느낀다.

며칠 전 테니스 중계 도중에, 캐스터가 이렇게 말했다. "러브 게임으로 끝을 냅니다." 테니스에서 '러브(love)'는 0점을 말한다. '러브 게임'이란 한 점도 못 내고 그 게임을 졌다는 얘기다. 재미있는 이름이 아닐 수 없다.

'네가 사랑하는 사람보다는, 너를 사랑하는 사람과 결혼해야 행복하다'라는 말이 있다. 어른들이 결혼을 앞둔 딸이나 아랫사람에게 많이 하는 얘기다. 남편보다 내 사랑의 크기가 더 크면, 결혼 생활이 고단하다는 논리다. 하지만 남편이 나를 더 사랑하면, 거저먹고 들어간다. 눈에 쓰인 콩깍지가 더 두꺼운 쪽이 약자다. 남들 눈에는 평범한 외모도, 그의 눈에는 미스 코리아다. 한눈에 뻔히 드러나는 결점도 그 사람에게만 안 보인다. 오히려 단점이 장점으로 둔갑하는 마법을 부리기도 한다.

'더 사랑하는 사람이 지기 마련이다'라는 말을 들어본 적이 있는가? 토마스 만의 소설 《토니오 크뢰거》(1903년)에 나오는 표현이다.

'가장 많이 사랑하는 사람이 약자이며, 괴로움도 그의 몫일 수밖에 없다.'

사랑의 무게는 똑같지 않고, 어떤 관계든 한쪽의 사랑이 더 크거나 작을 수밖에 없다. 꼭 연인이나 부부만이 아니라, 부모 자식, 형제자매, 친구 사이에도 적용된다.

'내리사랑'은 부모님이 주신 사랑을 내가 그대로 돌려드리기 어렵고, 내 자식을 사랑하는 마음이 부모님을 향하는 마음보다 크다는 얘기다. 부모 입장에서는, 장남이나 장녀보다 막내에게 더 마음이

쓰이는 것도 같은 이치이다.

돌아가신 아빠는 스포츠를 사랑하는 방법을 물려주셨다. 아이들이 지금의 내 나이가 되었을 때, 과연 엄마가 무엇을 물려주었다고 기억할까.

* 이 글은 2024년 호주 오픈을 보고 나서 썼다.

평범한 것이 가장 어렵다

3월이면 할리우드에서는 큰 시상식이 열리고, 내 마음에서는 작은 나비가 날갯짓을 한다. 올해도 어김없이 아카데미 시상식이 한국 시간으로 월요일 오전에 열렸고, 뉴스 사이트는 하루 종일 그 소식으로 바빴다.

매년 수상자들이 어떤 소감을 말했는지 유심히 살펴보는데, 일종의 직업병이다. 좋은 글귀가 있으면 메모하고 나중에 교재에 넣어야지, 그런 생각을 하니 말이다. 최소한 한 개의 글귀는 그렇게 건지는데, 올해는 남우조연상을 받은 '로다주(로버트 다우니 주니어를 줄여서 팬들이 이렇게 부른다)'의 소감이 나를 사로잡았다.

"형편없었던 나의 어린 시절 덕분입니다(I'd like to thank my terrible childhood)." 이 말에 번개 맞은 것처럼 공감하지 못한다면, 곱게 자란 사람이다. 평범한 것이 가장 어렵다. 뭐든지 중간이 좋다고 한다.

헤밍웨이는, "좋은 작가가 되려면 일찍부터 어떤 훈련을 해야 할까요(What is the best early training for a writer)?"라는 질문에 이렇게 답했다. "불행한 어린 시절이요(An unhappy childhood)." 불행한 유년이 좋은 글을 쓰는 비결이라니…. 글을 못 쓰더라도 불행한 어린 시절을 자청하는 사람은 없지 않을까?

나의 어린 시절이 평탄치 않았다고 하면, 우리 가족이나 주변인들은 동의하지 않을 수도 있다. 어쨌든 초중고등학교를 강남 8학군에서 나왔고, 신촌에 있는 여대를 나왔으며, 유학생과 결혼하여 미국 물까지 먹은 '청담동 며느리'이니 말이다. 하지만 모든 감정은 주관적이고, 내가 그렇게 느꼈다면 그런 거다.

어릴 때부터 귀에 못이 박히도록 들었던 한국전쟁. 삶의 터전과 전 재산을 뒤로하고 1.4 후퇴 때 피난 와서 힘들게 살았던 부모님. 조부모님과 같이 황해도 고향에 남겨두고 온 동생 때문에 평생 죄책감에 시달렸던 아빠. 전쟁 통에 졸지에 화이트 컬러에서 블루 컬러로 전락하여, 탄광에서 일하다가 돌아가신 외할아버지. 그렇게 중학생 때 아버지를 여의고 평생 '애정결핍'이라는 불치병을 앓고 있는 엄마. 다른 이유로 결손가정에서 자란 두 사람이 꾸린 가정, 그리고 자식 입장에서 볼 때 차라리 이혼이 낫다고 생각하게 만든 두 분 사이.

강남의 아파트로 이사 가서 처음 내 방이 생겼는데, 불과 몇 달 만에 할아버지에게 뺏기고 부엌에 붙은 속칭 '식모방'으로 옮기면서 시작된 나의 사춘기. 사업에는 전혀 소질이 없는 아빠 때문에 이사를 많이 다녔던 학창 시절. 할아버지의 치매가 집안에 드리운 어두운 그림자. 학교에서 돌아오면 텅 비어 있던 집. 사이비 종교에 빠지지 않은 게 다행이라고 안도할 만큼, 모든 시간과 마음을 종교에 바쳤던 엄마. 사업이 부도나고 도주한 아빠, 그리고 뿔뿔이 흩어진 가족. 그때가 고3이었다. 다시 집으로 돌아온 아빠는 180도 다른 사람이 되어 종교에 귀의했고, 내 마음에는 두드러기가 일어났다. 그렇게 모태 신앙에서 점점 멀어지면서 자연스럽게 학생운동에 빠져들었던 대학 시절. 하지만 건대 사건으로 세상과 한 달 이상 격리되면서 크게 꺾였고, 이듬해 6월 항쟁도 멀리서 바라만 보았다.

자신의 어린 시절을 '형편없다'고 무대에서 말할 수 있는 로다주가, 한편으로는 부럽다. 그 시절의 결핍과 고통을 자양분으로 훌륭한 배우가 된 것에 감사하는 마음이라면, 아마도 그의 상처는 치유되지 않았을까.

나의 상처가 아물었다고 말하지는 못하겠다. 하지만 그 덕분에 글을 쓰게 되었으니, 헤밍웨이의 '불행한 유년'이라는 말에 공감한다.

* 이 글은 2024년 3월에 열린 96회 아카데미 시상식을 보고 나서 썼다.

'아낌없이 주는 나무'

어린 시절 마르고 닳도록 읽었던 책 가운데 하나가 《아낌없이 주는 나무(Giving Tree)》다. 미국 동화작가 셸 실버스타인이 1962년에 쓴 이 책은 다양한 해석과 패러디를 낳았는데, '나무'를 부모에 비유하는 게 가장 보편적이다.

부모가 되기 전부터 다짐 하나를 했다. 부모님으로부터 받은 상처를 절대로 내 아이들에게는 물려주지 않겠다는 결심. 태어날 때 부모를 선택할 수는 없지만, 내 자녀를 어떻게 양육할지는 얼마든지 선택할 수 있다고 믿는다.

부모가 된 후에 돌이켜 보니, 두 분은 결손가정에서 자라면서 결핍이 너무 많았다. 만약 온전한 가정에서 제대로 사랑받은 사람과 결혼했다면 달라지지 않았을까, 안타깝게 생각한 적도 있다. 두 분 다 사랑을 받은 적이 없고, 사랑을 주는 방법도 모르는 채로 부모가 되었다. 그 피해는 고스란히 우리 3남매의 몫이었다.

어느 가족이나 중심 혹은 구심점이 되는 사람이 있다. 어떤 집은 철저하게 아이들 중심이고, 어떤 집은 부부가 가장 중요하다. 하지만 의외로 많은 가정이 엄마나 아빠 중 한 명의 독재로 돌아간다. 우리 집은 아빠 중심으로 움직였다. 아빠가 안 된다고 하면 죽어도 안 되는 일이 많았고, 사업 때문에 돈이 필요해서 이사를 가야 하면, 우리의 교육은 뒷전이었다. 그냥 짐짝처럼 또 전학 가서 새로 적응해야 했다.

고등학교 1학년을 마칠 무렵이었다. 갑자기 강남에서 강북으로 이사를 간다는 게 아닌가. 청천벽력이었다. 이미 사립여고에 들어가서 잘 적응하고 있었고, 학교 신문반 견습기자 딱지를 막 떼려는 참이었다. 게다가 2학년 때는 기자 활동을 본격적으로 한다는 희망에 부풀어 있었고, 편집장으로 뽑힌 직후였다.

나는 당시 대중교통을 생각할 때 정신이 제대로 박힌 사람이라면 절대 하지 않을 선택을 했다. 무조건 그 학교를 계속 다니겠다고 선언했고, 불행인지 다행인지 부모님은 내 고집을 꺾지 않았다. 그 후 2년간 힘들게 통학했지만, 한 번도 그 선택을 후회한 적은 없다. 요즘 부모들이 사교육 때문에 대치동으로 이사를 가거나 대학에 들어간 자녀의 편의를 위해 대학 근처로 이사까지 가는 걸 생각하면, 정말 호랑이 담배 피우던 시절이다.

엄마한테 받은 가장 큰 상처는, 딱 한마디였다. "그깟 글 나부랭이 쓴다고…" 어떤 상황에서 나온 말인지는 기억나지 않는다. 그 말 한마디만이 비수처럼 심장에 꽂혔고, 그 칼을 빼거나 상처를 치유받은 기억은 없다. 아직도 가끔씩 머리 위에 유령처럼 서성이는 그 한마디 때문에, 아이들에게는 그런 상처는 주지 말자는 일념 하나로 살아왔다. 애들이 잘하는 걸 찾게 도와주고, 하고 싶은 일을 하도록 최대한 응원해 왔다. 다행히 딸들은 나와 큰 갈등 없이 자기 길을 잘 찾아서 세상으로 나아갔다.

'자식은 평생 A/S'라는 말도 있지만, 자녀를 투자 대상이나 소유물로 생각해 본 적이 없다. 남편의 눈에, 나는 이해가 안 될 정도로 욕심 없는 엄마다.

아이의 인생은 온전히 그들의 것이라고 믿는다. 아이가 어떤 일을 하든, 그건 나에게 오는 보상이 아니라고 생각한다. 아이가 행복하면, 나도 행복하다.

두 딸이 다 미술을 전공했기에 우스갯소리로 '등골 브레이커'라고 하지만, 그래도 좋다. 등 떠밀거나 강요하지 않았고, 순전히 본인들의 재능과 관심 때문에 시작한 길이다.

내가 무심코 내뱉은 말에 그들이 스스로를 의심하지 않았다면, 그걸로 됐다. '아낌없이 주는 나무'와 똑같이 하지는 못했지만 최소한 같은 방향을 바라보고 걸어왔으니, 그걸로 됐다.

'크레이머 대 크레이머'

영화를 처음 혼자 보러 간 게 언제였나 생각하니 무려 중학교 1학년 가을이었다. 〈크레이머 대 크레이머〉는 더스틴 호프만과 메릴 스트립이 부부로 나와서, 둘 다 아카데미 상을 거머쥔 명작이다.

폭력적이거나 민망한 장면은 하나도 없지만, 당시 사춘기 소녀 혼자서 보기에는 난해한 내용이다. 무슨 이유에서인지 나는 그 영화를 꼭 보고 싶었고, 엄마를 졸라서 허락을 받아냈다.

그런데 요즘 다시 생각하니 두 가지가 새롭게 보였다. 메릴 스트립처럼 나도 '경단녀'로서 많은 고민과 갈등을 겪었다. 당시 학생 입장에서 과연 그녀의 '자아 찾기' 여정을 이해했을까? 아니었다고 생각한다.

그리고 또 하나는 엄마가 허락을 해준 이유가 무엇일까, 하는 의문이다. 갑작스러운 아내의 가출과 이혼 요구로 일과 육아를 병행하게 된 더스틴 호프만의 입장에서는 마른하늘에 날벼락일 터. 반면에 메릴 스트립은 자신의 고민과 갈등을 이해 못 하는 남편과 세상이 얼마나 답답했을까. 아빠와 사이가 안 좋았던 엄마 입장에서는, 내가 그 영화를 보면서 엄마에게 공감하기를 바라지 않았을까?

엄마는 틈만 나면 내게 아빠 흉을 보았다. 아들 둘에 딸 하나를 둔 엄마가 그런 속마음을 털어놓을 사람이 나밖에 없었을까? 자매가 셋이나 있고, 친구에게 해야 더 편한 얘기를 왜 굳이 딸인 나에게 했을까?

부부 사이가 나쁜 엄마가 자신의 불만과 불행을 딸에게 쏟아내면, 그 딸은 자존감이 낮아진다고 한다. 엄마에게서 지속적으로 아버지 욕을 들으며 아버지를 혐오하며 자란 딸은, 성인이 된 후 원만한 이성 관계를 가지기 어렵다고도 한다. 그런데 불행인지 다행인지, 나는 엄마 편을 들기는커녕 오히려 원망하는 마음이 컸다.

엄마가 된 후에 돌이켜 보니, 나는 참 깍쟁이 딸이었다.

'왜 저런 얘기를 나한테 하는 거지? 몰라도 되는 일인데?'

'이 얘기를 나한테 해서 엄마가 얻는 게 뭘까?'

'괜히 내 마음만 다쳤잖아! 엄마 맞아?'

이런 감정의 소용돌이로, 마음의 평화가 '와장창' 깨지곤 했다.

냉정한 딸에게 벽을 느낀 엄마가, 어쩌면 영화의 힘을 빌려서라도 당신의 고통을 나누고 싶었을까? 그 목적은 이루어지지 않았다. 하지만 엄마 덕분에 나는 혼자 영화관에 가도 괜찮다는 걸 경험했다. 그 이후로 엄마와 함께 여러 클래식 공연을 보러 다니면서, 예술의 아름다움에도 눈을 떴다.

아이들과는 여러 전시회를 같이 다녔다. 어릴 때부터 예술과 가까이하는 경험이 중요하다는 걸 알기 때문이다. 딸들과의 '데이트'는 뮤지컬, 클래식 공연으로 이어졌는데, 한번은 막내가 물었다.

"엄마는 클래식 듣는 게 좋아?"

"그럼! 클래식을 들으면 마음이 평화롭잖아."

아빠가 스포츠를 사랑하는 방법을 물려주었듯이, 엄마는 예술을 가까이하는 법을 가르쳐 주었다. 우리 모녀는 성격이나 궁합은 전혀 안 맞지만, 그 시절만은 우리의 '화양연화(花樣年華)'였다.

탈출

스물다섯이면 결혼 적령기라고 불리던 시대가 있었다. 요즘 MZ들은 나에게 왜 그렇게 일찍 결혼했느냐고 묻는다. 만약 부모님과 사이가 좋았다면, 계속 혼자 살았을지도 모른다. 90년대 초까지만 해도, 결혼도 안 한 딸을 같은 도시 안에서 독립시키는 건 상상조차 못 했다. 엄한 부모의 그늘에서 벗어나는 유일한 탈출구로, 나는 결혼을 선택했다.

딸만 둘을 키우면서, 남편과 갈등을 빚은 일 중 하나가 '자유'의 폭이었다. 아이들이 대학생일 때 밤 12시에 오픈하는 '클럽'이 유행(?)이었다. 한껏 노출한 의상을 걸치고 친구들과 만나서 밤새 놀다가, 남들은 출근하는 새벽녘에 집에 들어왔다. 너도나도 그렇게 놀던 시기라 바로 허락했으나, 남편은 노발대발이었다. 자신은 술 마시다가 동틀 무렵 조간신문을 가지고 귀가하는 날이 부지기수여도, 딸들이 그렇게 노는 꼴은 볼 수가 없다고 했다.

남편은, '여자애가 어디서….' 혹은 '딸인데 감히….'라는 조선시대 마인드로 무장되어 있었다. 반면에 나는 '엄한 부모 밑에서 자란 애들은 거짓말이 늘 수밖에 없다.'라며 아이들을 구속하려고 하지 않았다. 거짓말을 하면서까지 자유를 '쟁취'해야 했던 상황이 싫었기 때문에, 우리 아이들은 그렇게 만들고 싶지 않았다. 부모 자식 간에 신뢰가 없으면, 자녀는 생존 수단의 하나로 거짓말을 '장착'할 수밖에 없다.

딸들의 클럽행은 손에 꼽을 정도로 적었고, 매번 무사히 귀가했다. 막내가 클럽에 간다고 한 어느 날, 큰애가 한 말이 아직도 기억에 남는다. "에효, 난 이제 늙어서 클럽도 못 가. 힘들어." 불과 세 살 차이고, 본인도 아직 20대인데 그런 말을 했다. 결국 모든 게 다 한때라는 얘기….

대학 2학년 어느 겨울이었다. 밤늦게 귀가하는데 현관문이 열리지 않았다. 뭔가 이상했다. 번호 키가 나오기 전이고, 열쇠로 열거나 초인종을 눌러서 안에 있는 식구가 열어 줘야만 들어갈 수 있었다. 열쇠를 아무리 돌려도 문이 꿈쩍하지 않았다. 초인종을 여러 번 누르고 문을 두드려도 감감무소식. 누군가가 나를 집에 들이기 싫을 정도로 화가 났다는 현실을 더 이상 부정할 수 없는 순간, 고아가 된 기분이었다.

돈이 있었다면, 아니 용기가 있었다면 근처 여관에라도 갔을까? 하지만 무조건 집에 들어가야 한다는 강박관념에 묶인 듯 온몸이 경직됐다. 침이 바짝 말라 입이 사라질 것만 같았다.

소란스러운 바깥이 궁금해서 나온 앞집 아줌마가 아니었다면, 집 앞 복도에서 노숙자처럼 밤을 지새웠을까. 그 아줌마 덕분에 옆집

창문과 뒤 베란다를 통해서 내 방 창문으로 기어 들어갈 수 있었다. 그때부터였을까, 탈출을 꿈꾼 것이?

아빠의 지시에 엄마도, 남동생들도 꼼짝 못 하고 숨죽이며 잠든 척을 했나 보다. 꼭 때리고 욕을 해야만 학대일까. 그게 일종의 학대였음을 깨닫기까지, 오랜 시간이 걸렸다. 요즘 같으면 심리 상담을 받거나 약에 의존할 수도 있지 않을까. 그 시절의 나는 그냥 혼자 다 견뎌야 했다. 그런 환경에서 버티다 보니 강해졌는지도 모르겠다.

부모의 유전자로 빚어져 태어난 나와 그들이 원하는 나의 모습은, 두 개의 다른 인격이었다. 나는 생긴 대로 살고 싶을 뿐인데, 그들은 그렇게 내버려두질 않았다. 불가항력을 인정하지 않고, 나를 억누르고 괴롭혔다. 나는 오로지 살기 위해 그곳을 탈출해야만 했다.

물론 내가 탈출해서 도착한 곳 역시 새로운 감옥이나 다름없다는 걸 깨닫기까지, 그리 오래 걸리지 않았다.

죽기 전까지 온전한 탈출이란 없나 보다.

'커밍아웃'

"…기차가 터널에 들어가서 컴컴할 때, 한 칸에 타고 있던 ○○ 선생님한테 달려들어서 막 '인디언 밥' 하고 시치미 떼고…."

"…다른 방은 뭐 하고 노나 궁금해서 갔는데, 아 글쎄, ○○ 선생님이 준비해 온 나이트클럽 조명 켜놓고 춤들을 추고…."

여고 동문회에서 운영하는 유튜브 채널에 초대된 선배가, 고2 때 갔던 경주 수학여행 에피소드를 한 보따리 풀어놓았다. 거침없고 맛깔난 그녀의 입담 덕분에, 모두 배꼽을 잡고 웃다가 촬영이 끝났다.

하지만 마음 한구석에서는 일말의 불안감이 똬리를 틀고 있었다. '혹시 나한테 수학여행에 대해 물어보면 어쩌지?'라는 생각이 위아래로 요동을 쳤다. 겉으로는 웃고 있었지만, 속은 조마조마….

내가 경주를 처음 간 건 고2 때가 아니다. 신혼여행 코스를 제주도와 경주로 잡았다. 결혼한 지 두 달 만에 남편이 석사 과정을 밟을 미국으로 함께 갈 예정이라서, 비록 국내 여행이지만 길게 다녀왔다. 대학 졸업여행을 제주도로 갔던 나, 제주도를 안 가본 남편. 그렇게 우리는 제주와 경주, 각자 처음인 곳을 하나씩 신혼여행지로 남겼다.

수학여행을 앞두고 마음이 시끄러웠다. 아빠의 부도는 내가 고3이 되자마자 났지만, 불길한 징후는 이미 1년 전부터 있었다. 집에 돈의 씨가 마르고 있다는 건, 누가 봐도 알 수 있었다. 얼마인지 기억은 안 나지만, 여행 비용을 엄마에게 달라고 하기가 망설여질 정도였으니…. 그렇게 며칠을 혼자 끙끙 앓다가 내린 결론은, '수학여행을 가지 말자'였다.

학교와 친구들에게 알린 공식적인 이유는, '코앞에 닥친 문예창작대회에 낼 소설을 퇴고할 시간이 부족해서'였다. 일말의 자존심이었다. 그 대회에서 내 소설이 당선되었길래 망정이지, 망신살이 뻗칠 뻔했다. 평생 한 번인 수학여행까지 포기하고 쓴 소설이라는 소문이 파다했으니 말이다.

2학년 교실이 텅 비어 있는 며칠 동안, 나 같은 학생들은 무조건 학교 도서관으로 등교해야 했다. 첫날 생각보다 많은 인원이 모여 놀랐다. 우리들 사이에 유일한 공통점이라면 서로 말을 안 걸고, 섬처럼 뚝뚝 떨어져 자기 일에만 집중했다는 거…. 돌이켜 보면, 주머니 사정 외에 무슨 큰 사연이 있었을까 싶다.

'경주', '수학여행'이라는 단어만 나오면, 꿀 먹은 벙어리가 될 수밖에 없는 나. 이제야 '커밍아웃'한다.

3장

처음 보는 너

Color outside the lines

삼십일 년의 기다림

떨어지는 법

허황된 꿈

집으로

삼십일 년의 기다림

"어머, 깜짝이야!"

외마디 비명이 저절로 나왔다. 엘리베이터 문이 열리며 확 뛰어 들어오는 작은 강아지. 당황하며 목줄이 없는 강아지를 붙잡으려고 하는 2층 아주머니.

"어머, 죄송합니다. 죄송해요."

쿵쾅쿵쾅 뛰는 심장을 진정시키며 주차장으로 향하는 뒤통수에 대고 남편이, "웬 호들갑이야." 하고 핀잔을 준다. 좁은 공간으로 달려 들어오는 강아지가 무서워서 소리를 지른 게 내 잘못인가? 그가 비둘기 떼 앞에서 순간 '얼음!' 하고 한 발짝도 못 뗄 때, 나는 키득거릴지언정 면박을 준 적은 없는데…. 만약 전원생활을 하고 닭장이 있더라도, 그는 절대 그 안에 들어가지 못하는 '조류 공포증'이 있다. 그러니 아침마다 달걀을 집어 오는 건 내 몫이 될 거라고 큰소리친 적은 있다.

뭐가 먼저인지 모르겠다. 털 달린 동물을 무서워한 것과 싫어한 것 중에서. 남편과 두 딸이 그렇게 개나 고양이를 키우고 싶다고 말해도, 나는 요지부동이다. "너희들 결혼한 다음에 너네 집에서 키워.” 아니면, “나 죽은 다음에 키우셔.” 이게 나의 천편일률적인 대답이다.

평생을 편견에 시달렸다. 남편을 비롯한 많은 사람이 털 달린 동물을 좋아하는 사람치고 나쁜 사람 없다며, 그렇지 않으면 마치 나쁜 사람인 양 호도한다. 개를 싫어한다고 하면 늘 따라오는 질문이, “어릴 때 물리셨어요?”이다. 아니라고 하면 더욱 고개를 갸우뚱하며, 왜 싫어하는지 이해가 안 간다는 표정이다. 틀린 게 아니라 다른 건데. 개를 좋아하지 않는 사람에게 이 세상은 다소 가혹하다.

미국에 살 때 현지 미국인 집에 초대받은 적이 있다. 개를 키우는 집이었는데, 손님이 오기 전부터 방에 넣어두고 나오지 못하게 했다. 손님들이 개를 좋아하는지 싫어하는지 미리 묻지도 않았지만, 무척 고마웠다. 또 한국인 교수 부부 댁에서는 명절이나 특별한 날 자주 모였는데, 늑대 크기만 한 개가 아주 사납게 짖어 댔다. 하지만 내가 무서워하는 걸 아시고는 늘 목줄을 짧게 잡고, 개가 가까이 못 오게 신경 써 주셨다. 그런 배려가 그립다.

그렇게 털 달린 동물을 무서워하면서도, 제주도 신혼여행 때 처음 타 본 말은 무척 새롭고 기억에 오래 남았다. 남편은 말똥 천지인 땅만 내려다보며 노심초사였지만, 나는 말 위에서 바라보는 세상과 공기에 매료되었다. 승마는 그렇게 늘 ‘버킷 리스트’ 상단에 있었는데, 생각만 하다가 31년이 흘렀다.

22년 초 임금피크제로 연봉이 10% 깎이면서 여러 가지 생각이 들었다. 능력은 그대로인데 단순히 나이가 많다는 이유로 연봉이 깎이니, 하루아침에 개안을 한 것처럼 세상이 다시 보이기 시작했다. 이제껏 명품도 안 사고 해외여행도 자주 안 가며 살아온 세월이 억울했다. 그래서 '그냥 지르자!'라는 심정으로 승마 클럽의 문을 두드렸다.

체험 승마를 한 후 바로 10회 쿠폰을 샀다. 나만의 헬멧과 안전조끼를 구입하기 전까지 승마 클럽에서 무료로 대여했고, 심지어 장갑은 등산할 때 쓰는 가벼운 걸로 대체했다. 또 승마용 앵클부츠를 구입하기 전까지는 운동화를 신었다. 그만큼 아무런 준비 없이, 거의 충동적으로 시작한 승마다. 드럼을 배울 때와 그 출발이 매우 비슷했다.

말을 타고 온 날이면, 자동차를 본인 몸보다 더 아끼는 남편의 잔소리를 피할 수가 없다. 차 안에 지푸라기와 진흙이 묻었다는 둥, 말 냄새가 난다는 둥…. 물론 귀가하자마자 현관에서부터 옷을 벗고 곧장 세탁기를 돌리지만, 승마 때만 입는 청바지에 깊이 밴 오묘한 냄새를 빼기까지 오래 걸렸다.

그런데 나는 말이 똥 쌀 때 바로 앞에서 봐도 아무렇지 않고, 마구간 냄새도 싫지가 않다. 집 안 곳곳에 디퓨저를 두고, 생선구이를 한 다음에는 온갖 향을 피우며 냄새를 뺀다고 난리인데 말이다. 개나 고양이는 쓰다듬지도 못하면서, 말의 포근한 털은 거침없이 만진다. 멀리서부터 나를 알아보고 고갯짓을 할 때, 간식을 빨리 달라고 큰 눈을 마구 굴릴 때, 그렇게 귀여울 수가 없다.

나를 아는 사람들은, "말 안 무서워?", "말 위에 올라가면 높이가 상당할 텐데, 무섭지 않아?"라고 물어본다. 그러면 나는, "말 뒤에만 안 서면 돼. 말이 얼마나 순하고 겁이 많은데! 그리고, 말에 타면 그 높이에서 보이는 세상이 얼마나 새로운지 몰라." 하고 승마 전도사처럼 말한다.

대입 체력장에서 남들이 다 20점 만점을 받을 때, 가장 기본인 16점도 겨우 받을 정도로 운동을 못하고, 또 싫어했다. 스스로 저질 체력이라고 자조하던 사람이 승마를 한다고 하니, 친구들이 다 놀랐다. 만약 내가 '임피제' 없이 계속 평이한 직장 생활을 했다면, 그랬다면 승마를 시작하지 못했을지도 모른다. 31년을 미뤘는데 더 못 미루겠는가.

승마로 인해 생긴 또 다른 변화 중 하나는 블로그다. 승마 일지가 도움이 된다고 해서 블로그를 열었는데, 승마뿐만 아니라 다른 이야기도 쓰게 되었다. 그러다 보니 학창 시절 가졌던 작가에 대한 꿈이 다시 싹트기 시작했다.

나쁜 일 뒤에는 좋은 일이 생기고, 우울했던 상황도 돌이켜 보면 신선한 충격이나 반전이 된다고, 이렇게 또 깨닫는다.

떨어지는 법

구기종목이나 낙법이 필요한 운동을 배운 적이 없다. 그런데 22년 4월 8일 오후 5시, 달리는 말에서 공중 부양을 하며 떨어졌다. 목덜미에 충격이 오고, 잠깐 정신을 잃은 것처럼 아무 기억도 나지 않았다.

그 순간 눈앞에는 구급차가 오는 장면, 병원에 온 남편의 표정, 온몸이 마비되는 새로운 현실 등이 한 편의 영화처럼 스쳐 지나갔다. 가장 최악을 상상하며, 일단 손과 발을 움직여 보았다. 제대로 움직이는 걸 확인한 순간의 안도감은, 아이들이 태어났을 때 손가락, 발가락이 10개인지 확인하던 때와 견주어도 될 만큼 컸다.

불행 중 다행으로, 그 시간에 레슨을 받은 사람이 나 하나라서 앞뒤로 다른 말이 없었다. 여러 말들이 있는 상황에서 떨어진 모습은, 상상조차 하기 싫다. 여전히 모래 위에 누워 있는 상태에서 '코코'의 위치를 확인했다. 다행히도 코코는 나와 멀찍이 떨어져 얌전히 서 있었다.

5분밖에 안 남은 레슨 시간을 확인하면서, 마음의 안정을 찾은 후에 운전대를 잡겠다는 생각뿐이었다. 그런데 웬걸! 교관은 "자, 이제 괜찮으시면 다시 말에 올라가세요." 하는 게 아닌가! 내가 항의하자, "지금 이대로 집으로 가시면, 트라우마가 생겨서 말을 다시는 못 탈 수도 있어요. 원래 낙마하면 바로 또 타야 합니다."라는 대답이 돌아왔다.

'You have to get back on the horse that bucked you(너를 떨어뜨린 말에 다시 올라타야 한다).'라는 말이 있다. 실패했다고 포기하지 말고 다시 시도해라, 결국은 해야 할 일이니 미루어 봐야 소용없다는 얘기다. 하지만 그런 논리가 막 낙마한 사람 귀에 들어올 리 만무했다.

사지가 후들거리고 기운이 없는 상태에서 다시 말에 올랐고, 무려 10분이나 더 마장을 돈 후에 내려왔다. 코코는 나에게 얼굴을 들이대며 다정하게 굴었다. "낙마시켜서 미안해서 그러는 거예요." 교관의 설명에, 나는 코코의 얼굴과 목을 어루만졌다. "괜찮아, 코코. 나 화 안 났어. 괜찮아."

코코는 체험 승마할 때 배정된 말이었고, 그래서 첫정이 있다. 같이 이 클럽에 왔다는 샤넬이라는 작은 한라마와 한 마방을 썼고, '코코'와 '샤넬'이라는 이름 때문에 선입견을 품었나 보다. 나중에 들으니 한라마 중 대장인 데다가, 다른 말들이 꼼짝 못 할 만큼 사납다고 한다.

사실 승마를 시작하면서 '낙마'라는 단어와 개념은, 언젠가는 닥칠 숙제 같았다. 생각하기 싫어도 교관마다 거듭해서, '누구든 낙마는 한다. 절대 고삐를 놓으면 안 된다. 떨어지는 순간에도 고삐를 잡고 있어야 하고, 그래야 발로 떨어질 수 있다.'라고 주입시켰다.

만나는 교관마다 한결같이 무용담처럼 본인의 낙마 경험을 들려주니, 귀에 딱지가 앉을 지경이었다. 그래서 낙마는 하지 말자, 끝까지 말 위에 붙어있자가 자연스럽게 작은 목표가 되었다.

솔직히 불과 다섯 번의 레슨 만에 떨어질 줄은 몰랐다. 매도 일찍 맞는 게 낫다고 하던가.

하지만 최소 열 번, 아니 서른 번 이상 기승한 후에 떨어졌다면 어땠을까 하는 아쉬움이 남는다.

레슨 후 교관은 이례적으로 휴게실에서 함께 수다를 떨면서, 내가 진짜 무사한지 확인도 하고 위로를 건넸다.

"코코가 마장을 반 바퀴나 달린 후에 떨어지셨어요."

"반 바퀴요?"

그때까지 '속보(살짝 달리는 단계)'도 길어야 4분의 3바퀴 하다가 멈추고, '평보(천천히 걷기)'와 속보를 짧게 반복하는 단계였다.

그런데 코코가 갑자기 확 달리기 시작할 때의 느낌은 평소보다 훨씬 빨랐다. 교관 얘기로는 내가 비명을 질러서 말이 더욱 달렸다고 하는데 그 순간 기억을 잃어버려서 모르겠다. 어쨌든 기승할 때는 절대 비명을 지르면 안 되고, 말은 쉽게 겁먹는 동물이라는 걸 몸소 체험한 날이었다.

"근데 떨어질 때 뭔가 뿌지직하는 소리가 들려서 너무 무서웠는데, 어디 부러진 데도 없고, 뭘까요?"

"헬멧을 확인해 보세요."

헬멧 안에 있는 스펀지를 떼어 보니, 지그재그로 금이 가 있었다. 아, 헬멧에 금이 가면서 그런 무서운 소리가 났구나. 등골이 오싹했다.

"그 헬멧 덕분에 사신 거예요."

그날 저녁, 다행히(?) 남편은 술 약속이 있다고 해서 계속 누워서 요양했다. 혼자 먹는 저녁은 보통 시리얼이나 샌드위치, 라면 중 하나로 때우는데, 이날은 피자를 배달시키는 호사를 부렸다.

삭신이 쑤시기는 했지만 뇌진탕도 안 걸리고, 부러진 데도 없으니 감사했다. 평생을 저질 체력이라고 스스로를 비하(?)했는데, 생각보다 내구성이 강했나 보다. 그 점이 신기하면서도, 유일한 위안이었다.

허황된 꿈

말에서 떨어진 후 무려 3주 동안의 휴식은 내가 말을 얼마나 사랑하는지, 역설적으로 확인한 기간이었다. 몸이 근질근질해질 무렵 다시 레슨을 받으러 나갔다. 그런데 평보를 할 때는 괜찮은데, 속보만 하면 가슴이 쿵쾅쿵쾅 걷잡을 수 없이 뛰었다. '또 낙마하면 어떡하지?'라는 물음표가 머릿속에서 점점 커졌다.

게다가 새로 온 교관은 다른 교관들과 달리 스파르타였고, 어린아이들과 같이 받는 단체 레슨에서 나 같은 나이 많은 초보자에 대한 배려라고는 전혀 없었다. 연속해서 그 교관이 배정되면서, 스트레스는 점점 높아졌다.

그러다가 우연히 페이스북에서 'Aging Horsewomen International'이라는 그룹을 발견했다. '승마 여인들을 연결하고 지혜를 서로 나누는'이라는 부제가 나에게 손짓했다. 가입 신청이 수락되자마자 고민을 털어놓았다. 전 세계에 흩어져 있는 회원들은 직접 말 목장을 운영하거나 어릴 때부터 승마를 한, 나이 든 여자들이다. 그들이 한국이라는 나라에서, 자기 말도 없이 일주일에 겨우 한 번 기승하는 도시 사람의 고민을 얼마나 이해할까, 의문이 들기는 했다.

그런데 놀랍게도 하루 사이에 100여 개의 댓글이 달렸고, 한결같이 따뜻한 위로와 응원을 해 주었다. 자동차의 에어백 같은 조끼도 있으니 알아보라는 기술적인 조언부터, 말을 꼭 기승할 필요는 없다, 그냥 말과 나란히 걷는 것만으로도 힐링이 되고 말과 교감하는 방법은 여러 가지라는 지혜로운 이야기까지….

특히 그런 교관한테 돈 주고 배울 필요 없으니 당장 다른 교관을 찾아가라는 댓글이 제법 많았다. 저절로 웃음이 새어 나왔고, 가슴이 따뜻해졌다. 얼굴도 모르고 만난 적도 없는 사람들에게 동지애를 느꼈다.

그렇게 용기를 얻고 승마 클럽을 바꾸었다. 말과 가까이 있는 나만의 방법을 찾기 위해, '그루밍(말 손질과 빗질)', '장안(안장 등 마구를 말에게 씌우기)', 그리고 '수장(기승 후 모든 장비를 다 내리는 것)' 레슨을 받기 시작했다. 첫 승마 클럽을 떠나서 지금까지 두 군데의 클럽을 더 다녔는데, 교관들도 다 궁금해한다.

"이런 레슨을 받으려는 분은 거의 없는데, 왜 이런 데 관심을 가지게 되셨어요?"

그럼 나 역시 무용담처럼 낙마 이야기를 풀어놓는다.

처음에는 낑낑대던 5킬로 무게의 안장을 이제는 거뜬히 들어 올릴 때, 발길질에 대한 두려움을 꾹꾹 누르고 말굽을 청소할 때, 꼬리

사이사이에 붙은 대팻밥을 벗겨낼 때, 갈기와 몸통을 빗질하며 말의 감정과 체온을 가까이서 느낄 때, 호스로 물을 뿌려줄 때, 말과 눈 맞추며 얼굴을 만질 때 가슴이 뻐근해질 만큼 행복하다.

승마를 처음 시작할 때는 간식을 줄 때도, 쓰다듬을 때도 꼭 장갑을 꼈다. 그런데 어느 날 말의 체온을 직접 느끼고 싶다는 생각이 들었다. 그 후부터 맨손으로 당근이나 사과를 주고, 얼굴도 만진다. 강아지가 혀로 핥으면 질색팔색을 하면서, 말의 혀가 손바닥에 닿는 건 마다하지 않았다. 이런 모습을, 남편이 낯설다고 했다. 나도 내가 낯설었다.

평생 머리 쓰는 일을 많이 해서인지, 이제는 머리보다는 몸을 쓰는 일이 마음 편하다. 육체노동의 매력은, 집중하는 동안 다른 생각이나 걱정이 비집고 들어올 틈이 없다는 데 있다. 말똥을 치우고 마구간을 청소하는 일도 하고 싶다. 마방의 푹신한 대팻밥 위에 털버덕 주저앉아서, 말과 교감하는 평화로운 순간도 가지고 싶다.

나중에 어느 조용한 말 목장에서 그렇게 지내는 모습을 그려 본다. 동지애를 느끼게 해준 그 페이스북 그룹의 회원 목장에 가서 일할 날이 올까? 구조된 말들을 돌보는 제주도나 미국의 목장에서 자원봉사 하는 날이 올까? 종일 말과 함께 지내며 땀을 흠뻑 흘린 후, 노곤한 상태로 꿀잠을 자는 모습을 그려 본다.

허황된 꿈이라고 놀려도 좋다. 상상만으로도 행복하니까.

집으로

"내 카드로 결제해, 앞으로는."

남편의 말에 귀가 쫑긋했다.

늦가을에 '그루밍' 수업을 받고 너무 추워서 봄에 다시 가야지 했는데, 갑작스러운 퇴사와 바뀐 상황에 적응하는 사이 세 계절이나 흘렀다. 둘째 딸이 독일에서 방학을 맞아 집에 5주 동안 다녀가고, 그 후에는 큰딸을 만나러 미국에 다녀왔다. 정신 차려 보니 다시 가을이다.

실업급여는 딱 9개월만 주니까 그 후에는 알바해서 용돈벌이라도 해야 하나, 이런저런 생각이 많았다. '덕질'로 보러 다니는 공연도 많이 자제하고 있는데, 레슨 한 번에 5~6만 원 하는 승마 클럽을 정기적으로 다니기가 망설여졌다.

남편이 어느 날, "당신, 승마는 이제 안 해?"라고 물었다. "글쎄… 다시 가야 하는데…." 얼버무린 속내가 들킨 걸까. 선뜻 자기 카드로 계속 결제하라는 남편! 이럴 때는 반드시 '남의 편'만은 아닌 것 같기도 하고…. 그 어떤 선물을 받았을 때보다도 고맙고 기뻤다면, 다들 이해를 못 하려나? 그만큼 '말'과의 인연은 소중하다. 삼십일 년의 기다림 끝에 시작한 승마인데, 낙마 이후에도 그 끈을 놓지 못하고 그루밍이라도 배우는 것인데, 그 소중함을 알아준 남편에게 고맙다.

오랜만에 승마 클럽의 카톡으로 예약 요청 문자를 보냈다. 답이 오기까지 기다리는 시간이, 오늘따라 유난히 길게 느껴지고 초조했다. 예약한 날짜가 다가오니 마음속에서 나비가 춤을 췄다. 머리에 두를 두건을 고르고, 승마용 장갑을 미리 꺼내 놓았다. 말에게 줄 간식으로 무엇을 가져갈지, 행복한 고민에 빠진다. 당일 아침에는 당근이나 사과를 얇게 썰어서 비닐 봉투에 넣었다.

근 1년 만에 방문한 승마 클럽은 여전하다. 그 자리에 그대로, 변하지 않은 모습이 반갑다. 마음이 편안하다. 직원이나 교관들 이름도 모르지만, 수많은 말들도 다 알지는 못하지만, 그냥 그 분위기가 좋다.

그렇게 이제부터는 한 달에 한두 번은 꾸준히 그루밍을 배우기로, 스스로와 약속했다. 예전에는 주말에만 갔지만, 이제는 자유 부인이니 평일 오전에 간다. 그래야 비용도 만 원 절약되고, 길도 덜 막힌다.

말을 만나러 가는 길은 차로 15분밖에 안 걸린다. 혼자서 하는 드라이브는 설렘으로 가득하다. 넉넉한 주차장에 차를 세우고, 트렁크를 열었다. 슬리퍼를 벗고 승마용 앵클부츠로 갈아 신는다. 주차장에서 사무실과 마장이 있는 데까지는 계단으로 올라가야 한다. 그렇게 2층 높이에서 모과나무도 보고, 잠깐 주변 경치도 감상하는 여유를 부려본다.

기승을 전혀 하지 않고 땅에서, 말 곁에서만 움직이는데도, 승마 클럽을 다녀오면 온몸이 뻐근하다. 운동을 안 했는데, 운동한 것 같은 상태가 된다. 그 오묘함은 말로 설명할 수가 없다. 5킬로짜리 안장을 번쩍번쩍 들어서? 말 좌우로 허리를 숙이고 왔다 갔다 해서? 안 쓰던 근육을 써서? 모르겠다.

승마 클럽에서 돌아오면 노곤하고, 늘 깍쟁이같이 곁을 안 주던 낮잠이 다 쏟아진다. 마치 여행으로 지친 몸을 이끌고 돌아온 집 현관에서부터 긴장이 탁 풀리며 안도감이 몰려올 때처럼. 평일에 도시에서 찌든 몸과 마음을 주말 별장에서 재충전하는 느낌이랄까.

그렇다. 말을 만나러 가는 길은 집으로 가는 기분이고, 돌아오는 길은 맑아진 머리와 가벼운 몸을 다시 복잡한 대도시로 끌고 가는 기분이다. 20분이면 끝나는 수업은, 그래서 늘 아쉽다.

4장

개명 시대

I've got a name

개명 시대

내 영어 이름은 처음 만나는 원어민 강사들과 대화의 물꼬를 틀 때, 좋은 소재가 되곤 했다. 갓난아기 때 영세명으로 받은 이름 펠리치타(Felicitas)는 영어로는 펠리시티(Felicity)로 표기하고, 줄여서 펠리(Fely)로 부른다.

"도대체 어디서 그런 이름을 찾아낸 거예요?"

특히 영어 강사들은 어린 학생들이 발음하기 쉬운 이름을 고르기 때문에 더 자주 질문을 받았다. 돌이켜 보면, 처음 학원에 취업하고 영어 이름을 정하라고 했을 때 왜 좀 더 쉬운 이름을 선택하지 않았는지, 나도 의문이다.

이 이름은 '행복'이라는 뜻을 가지고 있다. 칸초네 〈펠리치타〉는 가수 이용이 번안해서 부르기도 했는데, 가사가 '행복이란~'으로 시작한다. 크리스마스 캐롤로 알려진 '펠리즈 나비다드(Feliz Navidad)'는 '행복한 크리스마스'라는 뜻이고, 스페인어로 '생일 축하해'라는 말에도 '펠리즈'가 들어간다.

그 의미를 알게 된 이후로, 이름처럼 살기 위해 의식적으로 노력해 왔다. 작고 사소한 것에 감사하며 행복을 느끼는, '소확행'을 중심으로 살았다고 해도 과언이 아니다.

특이하고 발음하기 힘든 이름 때문에 성당 주일학교에서 놀림도 많이 받았다. '예쁘고 발음이 쉬운 영세명도 많은데 하필이면….'이라고 생각하며 원망하기도 했다. 스스로 이름을 선택할 수 있는 유일한 기회인 견진성사 때 바꾸리라 결심한 적도 있다. 하지만 무슨 애착이었는지, 결국은 바꾸지 않았다.

이 어려운 이름을 지금까지 안 버린 건 돌아가신 정진석 니콜라오 추기경 때문이다. '할아버지'라는 단어를 들으면 가장 먼저 떠오르는 분. 추기경이 되기 훨씬 이전부터 알았기 때문에, '주교님'이라는 호칭이 더 편한 분. 정 추기경님은 우리 부모님의 혼배미사를 집전한 젊은 사제였고, 내가 태어났을 때 우리 아빠가 제일 먼저 전화를 걸었던 어른이다. 바로 그다음 날이 성녀 펠리치타 축일이었고, 그렇게 그 이름이 나에게 왔다.

추기경님은 우리 엄마에게는 일찍 돌아가신 아버지 자리를 대신하는 친정아버지였고, 아빠에게는 친아버지가 주지 않은 사랑을 아낌없이 주셨다. 그분이 아빠보다 겨우 여섯 살 많은 걸 보면, 얼마나 존경하고 따랐는지 알 수 있다. 어릴 때 청주 주교관으로 가족과 함께 자주 놀러 갔고 편지도 많이 썼다. 은퇴 후 혜화동 주교관에 계실 때는, 우리 아이들을 데리고 명절 때마다 인사도 갔다.

21년 4월 27일 추기경님이 선종했다는 뉴스를 접하고, 마음이 무거웠다. 코로나19 시국 전부터 건강 문제로 손님을 거의 안 받는다고 해서, 찾아뵙지 못한 지 몇 년이 흐른 뒤였다.

나 혼자 명동성당으로 조문을 갔는데, 상당히 많은 사람들이 줄 서 있는 걸 보고 놀라면서도 가슴이 따뜻해졌다. 어쩌면 단순히 펠리치타 축일 하루 전에 태어나서가 아니라, 내가 우리 부모님보다는 더 사랑받고 더 행복하게 살기를 바라는 마음으로 주신 이름이 아닐까. 그분이 내게 남기신 유일한 유산인 이름을, 지금까지 지키기를 잘했다.

나의 한국 이름은 돌아가신 친할아버지의 작품이다. 성 곽(郭), 향초 지(芝), 동산 원(園), 성 안에 있는 향기로운 동산. 어릴 때는 같은 이름을 가진 또래가 거의 없었다. 이름도 유행을 타서 요새는 '지원'이라는 이름이 무척 흔하다. 하지만 '향초 지'를 쓰는 이름은 아직까지 만난 적이 없다.

성까지 붙여서 말하면 듣는 사람 귀에는 '박지원'으로 둔갑하기 일쑤지만, 그래도 이 이름을 사랑한다. 주변에 향기를 뿌리는, 아름다운 동산 같은 사람이 되고 싶다는 생각으로 살아왔다. 할아버지를 그리 좋아하지는 않았지만, 그분이 내게 남기신 유일한 유산 역시 이름이다. 그런 면에서, 그분에게 감사하다.

이름처럼 산다는 믿음 때문에 많이 개명하는 세상이다. 하지만 나는 내가 사랑하는 이름을, 하나도 아니고 둘이나 가지고 있으니, 참 다행이다.

너 T야?

남편과 두 딸, 나까지 우리 식구는 혈액형이 모두 B다. 돌아가신 시어머님이 그 사실을 알게 된 순간 하신 말씀을 아직도 잊을 수가 없다.

"어머머, 너네 집은 조용할 날이 없겠다. 어떻게 다 B형이냐?"

마냥 웃고 지나갈 수만은 없었다.

'남의 말은 잘 안 듣고, 자기 말만 열심히 한다'는 선입견 때문에 그런 말씀을 하셨을까? 나쁜 남자의 대명사로 불리며 〈B형 남자친구〉(2005년)라는 영화까지 나왔으니, '착한' 이미지의 혈액형은 아니다.

이제는 혈액형을 묻는 게 '금기'처럼 되었다. 자칫 구세대나 꼰대로 불리기 때문이다. 지금은 'MBTI'가 대세다. 내 MBTI가 무엇인지 외우고 있어야 대화도 된다. 그 정확성을 의심하는 학자들도 있지만, 유행은 식을 줄 모른다. 대학생들이 '팀플(팀 프로젝트)'에서 각자의 역할을 정할 때도, 회사에서 상사나 부하직원을 파악할 때도, 남녀가 처음 만날 때도, 무조건 MBTI를 따지는 세상이다.

"나 우울해서 빵 샀어."라고 하는 사람에게 어떤 반응, 무슨 질문을 하느냐에 따라서 'T'인지 'F'인지 구분하는 유머도 한동안 유행했다. "무슨 빵 샀어?"라고 물어보면 T, "왜 우울한데?"라고 물어보면 F라는 해석이 나오는, 일종의 심리 테스트다.

로봇 같다, 감정이 메말랐다는 선입견에 시달리는 T형 인간을 놀리는 테스트 같기도 하다. T는 사고형(Thinking), F는 감정형(Feeling)이다. 흔히 T형은 주장이 강한 '단호박'으로, F형은 따뜻한 '공감 요정'으로 알려져 있다.

만약 상대가 내가 좋아하는 빵을 안 사 왔다면, 한술 더 떠서 "아니, 왜 꽈배기는 안 사 왔어? 좋아하는 거 알면서!"라며 타박까지 할 '극T'가 바로 나다. 그러면 빵을 사 온 F는 우울감이 더 깊어지고 나를 원망하겠지.

수년 전 회사에서 집합 교육을 받을 때 성격 테스트를 한 적이 있다. 당시 강사가 가지고 온 테스트는 'DISC(디스크)'였다. 수십 명의 직원들 가운데 'D(주도형: Dominant)'가 나온 사람은 나까지 딱 세 명뿐이었는데, 강사도 '한국에서는 드문 타입'이라고 말했다. 남의 일에 신경 안 쓰고, 자기 일에만 집중하는 스타일이라고 한다. 그때 나와 한 팀인 직원도 같은 D로 나와서 서로 친밀감과 공감대가 확 높아졌다.

'왜 저 사람은 맨날 쓸데없는 말만 늘어놓는 거지?', '왜 쟤는 회사에 놀러 온 거 같지?'라고 반감을 느꼈던 사람들은 역시나 'I(사교형: Influential)', '참 엑셀 좋아하고, 별걸 다 따지네'라고 생각했던 사람들은 'C(신중형: Conscientiousness)', 그리고 좀 답답하다고 느꼈던 직원들은 'S(안정형: Steadiness)'였다. 심지어 S형 남자 직원들은 외모마저 비슷해서 다들 신기해했다. 일종의 문화 충격이었다.

그전까지는 다른 성향을 잣대로 선을 긋고, 이해가 안 간다는 이유로 미워도 했다. 하지만 그 이후로는, 무조건 인정하기로 했다. '틀린' 게 아니라 '다른' 그들을. 그렇게 마음에 평화가 오니, 회사 생활도 수월해졌다.

그런데 DISC보다도 나를 더 놀라게 한 테스트가 있으니, 바로 지문 분석이다. 앉은 자리에서 단 몇 분 만에 지문을 분석한 결과지 2장이 출력되는데, 몇 년 전 콘퍼런스에서 무료로 받은 적이 있다.

손금, 혈액형, 별자리, 심리 테스트, 그 어떤 것도 나라는 사람을 이렇게 정확하게 읽어낸 적이 없다. 지문 하나로 한 사람에 대해서 이렇게 많은 정보와 분석이 가능한 세상. 정말 놀랍고 소름이 끼쳤다.

가끔씩 지문 적성 검사 보고서를 들여다본다. 내가 어떤 사람이고, 장점과 약점은 무엇인지 읽으며, 다시 한번 자신을 돌아본다. '너 T야?'라는 말에 쉽게 상처받지 않고 유머로 승화할 수 있는 자기애를, 식물 키우듯이 물도 주고 돌보아야 한다. 그래야 정신건강을 유지할 수 있다.

'성격이 팔자(八字)'라는 말을 자주 하고 다닌다. 타고난 성격이 판단력과 선택에 밀접한 영향을 끼치고, 인생은 결국 우리가 하는 선택을 바탕으로 완성되기 때문이다. 쇼펜하우어도 '운명은 성격에 의해 만들어진다'라고 말했다. 주변 사람들을 보면서 '저렇게 판단한다고? 어떻게 그런 선택을 할 수가 있지?'라는 의문이 들 때가 있다. 다른 사람들도 나를 보면서 그런 의문을 품겠지.

성격대로 사는 거라고 그냥 포기하고 안주할 수는 없다. MBTI라는 상자에 갇혀 딱 그 규격 안에서만 움직이거나 네 편 내 편 나누는 세상보다는, 공통분모를 발견할 때 반갑고, 서로의 단점보다는 장점을 극대화하는 세상은 어떨까? 너무 유토피아를 꿈꾸는 걸까? 그래도 꿈이라도 꾸어야지. 꿈꾸는 동안은 엔도르핀이 돌고, 살맛이 나니까. 이래도 내가 T일까?

빨간 실

영혼의 단짝도 아니고 연애를 한 사이도 아니지만, 운명의 '빨간 실' 얘기가 나오면 가장 먼저 떠오르는 얼굴이 있다. Y는 내가 6학년 봄에 전학 간 강남의 초등학교에 나보다 몇 달 뒤 전학을 온 아이였다. 그것도 멀리 독일에서…. 혼혈은 아니지만 이국적인 외모에 한국말도 어눌한 그 아이는, 나의 짝이 되었다. 담임은 Y가 학교생활에 빨리 적응할 수 있게 도우라고 말했다. 대체 무슨 생각으로 내게 그런 막중한 임무를 맡겼는지, 알 수가 없다. 나 역시 전학생인데 누가 누굴 돌보라는 건지….

다행히 우리들 집은 걸어서 다닐 만큼 가까웠고, 결혼 전 양쪽 엄마가 한 병원에서 간호사로 근무한 인연도 알게 되었다. 둘 다 동생이 둘인 데다가 전학생이라는 '동병상련'도 있었다. 무엇보다도 함께 성당에 다니며 급속도로 친해졌다. 그 후 중학교도 같은 학교로 배정되면서 거의 매일 보는 사이가 되었다. 고1 때는 신입생 특강을 오신 박완서 선배님께 인사하려고 교장실 앞에서 기다리며, 종례를 같이 '땡땡이'친 동지가 되어 주기도 했다. 하지만 2학년 때 문과와 이과로 나뉘고, 내가 강북으로 이사를 간 후로는 자연스럽게 사이가 멀어졌다.

2002년 월드컵을 앞두고, 파트타임으로 유치원에서 영어를 가르치며 두 딸을 키우느라 바쁘게 보내고 있었다. 그런데 어떻게 알았는지 Y가 전화를 걸어왔다. 그녀가 독일 남자와 결혼해서 거기 사는 줄도 까맣게 몰랐다. 그저 같은 하늘 아래 어디선가 잘 살고 있겠지, 막연히 생각하고 있었다.

16년 만에 만난 Y는 4년 후 열리는 독일 월드컵을 준비하기 위해 방송국에서 출장을 온 거라고 했다. 남편과 아이들 없이 혼자 온 거라서 홀가분했나, 갑자기 내가 보고 싶어서 연락처를 수소문했다는 그녀.

학교 다닐 때는 Y에게 열등감을 느낀 적이 한 번도 없다. 그런데 외국에 살며 방송국에서 일하는 것도, 그렇게 출장을 온 것도, 다 부러웠다. 나 역시 미국에서 살다 와서 '경단녀'로, 학부모로, 여러 가지 어려움을 겪으며 자리를 못 잡고 있던 시기라 더 그랬나 보다. 처음 느끼는 감정이 낯설고, 커피도 쓰디썼다. 빨리 집에 가고 싶었다.

그 후 다시 14년의 세월이 흘러 고등학교 졸업 30주년 '홈커밍 데이' 행사를 준비하면서, 아이디어를 하나 냈다. 해외에 사는 친구들의 인사 영상을 받아서 상영하면, 그리운 친구들 얼굴도 보고 의미도 있지 않겠냐는 취지에 다들 공감했다. 문제는 연락처가 없는 친구들이었다. 갑자기 Y 생각이 났다. 그녀의 흔적을 찾아서 구글을 헤매기 시작했다. 그녀가 문학번역을 했던 기록이 나타난 모 재단에도 연락했으나, 개인정보라서 알려 줄 수 없다는 답변만 돌아왔다.

열렬히 숨바꼭질을 하던 중, 그녀가 몇 년 전에 참여했던 무슨 학회에 남긴 이메일 주소가 떴다. 영어 이름이지만, 성(姓)이 같은 걸로 보아 그녀라는 예감이 들었다.

구구절절 이메일을 쓰고 반신반의하며 며칠이 지났는데, 반가운 답장이 도착했다. 흔쾌히 영상을 찍어서 보내겠다는 Y가 너무 고마웠다. 그녀가 보내온 영상에는 소파 옆자리에서 어색한 미소를 짓고 있는 독일인 남편도 나왔다. 열 마디 말보다 한 번의 출연으로 자신의 현재 모습을 단박에 보여주는 센스! 미국, 중국, 영국, 독일에서 온 여러 동창들의 영상은 예쁘게 편집되어 행사 날 공개했는데, 폭발적인 반응을 불러일으켰다. 눈물을 흘린 친구도 많았다.

Y와 나의 인연은 거기서 끊어지지 않고, 예상외의 반전이 기다리고 있었다. 코로나가 기승을 부리는 와중에 베를린으로 워킹 홀리데이를 떠나는 막내딸 때문에 연락했더니, Y는 일단 자기 집으로 오라고 권했다. 며칠만 있어도 좋고, 계속 지내도 괜찮다고 했는데, 벌써 몇 년이 흘렀다. 그렇게 우리 사이의 '빨간 실'이 연장되었다.

이쯤 되면, Y와 나는 전생에 자매가 아니었을까? 끊어질 듯 절대 끊어지지 않고 무려 45년 동안 이어져 온 빨간 실. 지구를 몇 바퀴 돌고도 남을 길이, 빨간 스웨터를 수천 개 만들 길이가 아닐까.

자전거 타는 여자

쌍문동에 살던 시절, 동네 친구가 자전거 타는 법을 가르쳐 주겠다고 했다. 친구는 집에 있는 큰 자전거를 가지고 나왔는데, 발이 땅에 닿지도 않을 만큼 안장이 높았다. 일단 그 높이에 기가 질리고 겁이 났다. 몇 미터 가지도 않아서 넘어졌고, 그 순간 자전거 타기를 포기했다. 지문 분석에도 나왔던 '포기가 빠른' 아이의 면모가 드러난 순간이었다. 그날 이후로 지금까지, 단 한 번도 자전거를 다시 배우겠다고 생각한 적이 없다.

예전에 한국 국제교류 재단에서 국내 거주 외국인들을 상대로 자원봉사할 때, 여의도 공원에서 자전거를 대여해서 일정 코스를 같이 달리는 프로그램을 진행했다. 봉사자들 중 자전거를 못 타는 사람은 나 하나뿐이었다. 마침 2인용 자전거도 모두 대여되고 없었다. 결국 다른 봉사자의 희생(?)으로, 나는 그녀 뒤에 앉아서 무늬뿐인 '라이딩'을 시작했다. 혼자서 힘겹게 페달을 밟던 그녀에게, 아직도 미안하다.

그런데 요새는 내 방에서 자전거를 탄다. 러닝머신이나 실내 자전거가 집에 있으면, 옷걸이나 빨래 건조대로 쓰인다는 우스갯소리가 있다. 그래서 우리 집은 그런 운동 기구를 한 번도 들인 적이 없었다.

몇 년 전, 우리 팀 직원이 집에 모셔만 두던 실내 자전거를 당근마켓에 내놓는다고 했다. 마치 기다렸다는 듯이, "그거 내가 살게요!" 라고 말했다. "부장님이요?" 그녀는 의외라는 표정이었다. "안 그래도 운동 기구를 살까 생각 중이었는데 무릎 때문에 러닝머신은 부담스럽고…. 자전거가 좋대요, 우리 나이에는. ㅎ." 그녀는 9만 원에 팔려던 자전거를 8만 원에 주겠다고 했다.

그런데 남편에게 들키지(?) 않고 몰래 자전거를 설치하려면 작전이 필요했다. 우선 남편이 언제 술 약속이 있는지 파악했다. 그날을 디데이로 정하고, 직원과 내가 둘 다 차를 가지고 출근했다. 퇴근 후 그녀 차에서 자전거를 꺼내려고 보니, 생각보다 크기와 무게가 상당했다. 여자 둘이 옮길 수 있을지 살짝 의구심이 생겼지만, 다른 선택지는 없었다. 젖 먹던 힘까지 끌어 올려 우리 차로 자전거를 옮겼고, 뒷좌석의 팔걸이를 열어 트렁크에서부터 세로로 길게 집어넣었다.

"부장님, 이거 생각보다 무거운데, 혼자서 옮기실 수 있겠어요?"

"무조건 해야죠. 남편 오기 전에 내 방에 집어넣는 게 목표예요."

"ㅋㅋㅋ. 설치하시면 인증 샷 보내주세요. 궁금하니까."

집 앞에 차를 세우고, 심호흡을 크게 했다. 일단 차 밖으로 자전거를 빼내기만 하면, 받침대에 있는 작은 바퀴를 이용해 밀기로 했다. 차를 자기 몸보다 아끼는 남편을 의식해서, 무조건 차에 생채기를 안 남기는 게 더 큰 미션이었다. 4층까지는 엘리베이터로 올라가니

식은 죽 먹기! 다행히 차에 상처도 안 내고, 자전거도 망가지지 않게 무사히 탈출(?)시켰다. 그 순간 가슴 벅차게 차오르던 감정은 어쩌면 성취감이었을 거다. 내 안에 있던 초능력을 처음이자 마지막으로 쓴 기분이었다.

내 방구석, 창문 앞쪽 공간은 여태 그 자전거를 기다려온 것처럼 길이와 폭이 딱 맞아떨어졌다. 맞춤형으로 들어간 자전거의 자태를 보니, 아름답기까지 했다. 사진을 찍어 직원에게 보내고, 기분은 하늘로 날아갈 것처럼 가벼웠다.

다음 날 자전거의 존재를 알게 된 남편은 혀를 끌끌 찼다. 틀림없이 옷이나 빨래만 걸어놓게 될 텐데 돈 낭비했다고, 저주 아닌 저주를 퍼부으며…. 그런데 몇 년이 지난 지금까지도, 나는 열심히 자전거를 탄다. 하루에 아침저녁으로 두 번을 탈 때도 있다.

"당신처럼 실내 자전거 열심히 타는 사람 없을 거야. 희한하다니까." 하며 인정을 할 수밖에 없게 된 남편.

얼마 전 건강검진 결과보고서에 나의 예상 수명이 무려 92세라고 나온 날, 그가 갑자기 내 방문을 벌컥 열었다. 할 말이 있어 들어왔을 텐데 용건은 그새 까먹고, "자전거 그만 타! 백 살까지 살려고 그래?" 하더니 나가 버렸다. 절대 백 살까지 살고 싶은 마음은 없지만, 크게 웃을 수밖에 없었다.

나는 땅 위에서는 못 타지만, 방구석에서는 자전거 타는 여자다.

눈에 뵈는 게 없으니

토요일 오전, 그녀는 리허설에 앞서 미용실부터 들렀다. 헤어와 메이크업을 마치니 평소 하지 않는 인조 속눈썹과 마스카라의 무게가 온몸으로 느껴졌다. 배역에 맞추어 힘을 준 눈 화장은, 마스크로는 가릴 수가 없다. 지하철 유리창에 비친 얼굴이 낯설어 자꾸만 들여다보는 그녀.

그녀는 왜 굳이 가정교사를 괴롭히는(?) 귀족 부인 역할을 자청했을까? 고등학교 동기들이 모인 연극 동호회의 리더이자 연출자에게 먼저 그 배역을 하고 싶다고 요청한 그녀. 다른 친구들은 연극을 진짜 하는 건지, 아니 해야 하는 건지 마음의 결정도 못 내리고 우왕좌왕할 때, 그녀는 다른 사람보다 먼저 그 배역을 선점하고 싶었다. 누구에게도 뺏기기 싫은 악역이었다.

첫 연극 무대인데 왜 하필이면 악역이냐고? '악역이 주는 카타르시스!' 이 한마디면 충분했다. 평소에는 입에 담지도 못할 말을 천연덕스럽게 내뱉고, 가난한 가정교사의 쥐꼬리만 한 월급도 착취하는 갑질의 극치. 날카로운 눈빛을 레이저처럼 쏘고, 상대방을 깔보고 경멸하는 태도로 무장한 모습. 그런 연기를 연습하는 과정은 무더위도, 극본 암기에 대한 스트레스도 이길 정도로 통쾌했다.

리허설을 반복하는 와중에 대사 한 군데가 꼬였다. 그때부터 가정교사 역할을 맡은 친구와 그녀는 복도로 나가서 대사를 다시 맞춰 보았다. 연기고 나발이고, 대사가 꼬이거나 틀리면 '폭망'한다. 임기응변할 만한 경력이나 재주가 없으니, 대사는 무조건 연습한 대로 나와야 했다.

러시아 귀족 부인이라는 배역에 충실하기 위해, 안경을 벗고 무대에 나서기로 한다. 삼 십여 년 전 결혼식 이후, 그녀가 짙은 화장을 하고 안경 없이 남들 앞에 나서기는 처음이다. 안경을 안 쓰면 마치 벌거벗은 기분이다. 하지만 눈에 뵈는 게 없으니 평소보다 용감해지기도 한다. 삼삼오오 객석으로 모여든 동기들의 얼굴은 당연히 안 보인다. 오히려 좋다.

닐 사이먼의 옴니버스 희곡 〈굿 닥터〉 중 3개의 단막극을 올리는데, 그녀가 출연한 '가정교사'는 다행히 첫 순서다. 영어학원에서는 행사 진행을, 회사에서는 원어민들 앞에서 강연이나 교육 등으로 무대에 설 기회가 많았던 그녀. 그때마다 밖으로 탈출할 것처럼 요동치던 심장과 떨리는 목소리 때문에 더 긴장하곤 했다. 하지만 생전 처음 서는 연극 무대에서는 대사도 안 틀리고, 리허설 때보다도 더 연기를 잘한 것 같다. 최소한 그런 착각에 취해 무대를 내려온다. 고작 10분이지만, 그녀에게는 1시간 같았던 무대. 처음 느끼는 희열과 벅찬 기운이 저 아래에서부터 올라와 그녀를 가득 채운다. 에어컨 바람을 타고 공중에 붕붕 뜨는 느낌이다.

자연분만으로 힘들게 첫째를 출산한 여자들이 그 고통을 홀딱 잊어버리고 흔히 하는 말은 "둘째는 언제 가지지?"이다. 그녀 역시 무대를 내려오자마자 다음 무대가 기다려진다. 몇 달 동안 대사가 안 외워져서 겪은 괴로움은 '안드로메다'로 간 지 오래. 눈에 뵈는 게 없으니 자신감이 하늘을 찌를 듯하다.

지문검사에서 '무대 체질'이라는 분석이 나왔는데, 그게 옳다는 걸 확인한 날이다. 그렇게 그해 여름은 뜨거웠다. 그녀가 명연기(?)를 선보일 다음 무대는 언제, 어디에서 올려질까?

5장

어덕행덕

She's got fever

'덕질'에는 나이가 없다 1

10번 타자

인생의 속도

전도사

'덕질'에는 나이가 없다 2

나만의 연예인

'덕질'에는 나이가 없다 1

'덕질'은 일본어인 '오타쿠(otaku, 御宅)'에서 기원한 신조어로, '오덕후→덕후→덕질'까지 파생되었다고 한다. 한 가지를 깊게 파고들며 미친 듯이 좋아하는 걸 통틀어서 덕질이라고 하는데, '셀럽'을 좋아하는 팬덤(fandom)뿐만 아니라, 취미나 수집 등에 열중하는 것도 포함된다.

인스타그램을 보면 우연히 얻어걸리는 정보가 많다. 《해리 포터》 굿즈(goods) 팝업 스토어 *하우스 오브 미나리마(House of MinaLima)*에 대한 소식도 그렇게 알게 되었다. 런던을 방문하는 '해덕(《해리 포터》 팬을 일컫는 말)'이라면 꼭 방문해야 한다는 하우스 오브 미나리마. 아직 런던을 못 가본 내게는 꿈만 같은 장소인데, 23년 9월부터 일 년간 강남에 팝업 스토어를 연다고 했다.

나의 덕질의 기원인 《해리 포터》 시리즈는, 아직 미국에 살고 있을 때인 97년에 처음 출간되었다. 99년 초 한국으로 돌아온 후까지, 책이 도착하면 밤새워 다 읽어야만 직성이 풀렸다. (학창 시절 시험을 앞두고도 밤샘 공부를 한 적이 없는데!) 원서 일곱 권도 모두 무겁고 비싼 하드커버로 선주문했다. 07년에 시리즈가 마무리된 이후에도 몇 번씩 반복해서 읽으며 해덕으로 살았다.

《해리 포터》에 대한 열정은 그 당시 만든 이메일 주소에서도 드러난다. Harrymaniac, 해리를 엄청 좋아하는 사람. 이런 내가 해덕의 필수 방문 코스를 지나칠 리 없다. 입구부터 남다른 팝업 스토어에서 행복한 쇼핑을 즐기고 나오니, 해리에 대한 열정이 다시 살아나는 기분마저 들었다.

영어를 계속 유지하려고 가입한 온라인 카페에서는, 순번을 정해서 회원들끼리 다시 번역을 해보는 가지치기 덕질까지 했다. 《해리 포터》 번역가 중 한 명이었던 고등학교 일 년 선배가 그 얘기를 듣고, "너 같은 사람들 때문에 번역가들이 더 욕을 먹어."라고 농담을 하기도 했다.

영어를 가르치던 학원에서 외고 대비반 학생들과 《해리 포터》 리딩 수업을 하는 동안은, 일로 생각되지 않고 무척 행복했다. 학생들도 내가 해덕인 것을 알고 나서는 수업에 임하는 태도나 나를 바라보는 눈빛이 달라졌다. '선생님도 좋아하는 책'이라는 사실이 신선한 동기부여를 했다고 생각한다.

해리로 시작된 덕질은 드럼, 야구, 스페인어, 록 그룹 '크랙샷', 연극 동아리, 뮤지컬 관람, 승마, 그리고 크로스오버 그룹 '포르테나'까지 문어발처럼 여러 영역을 넘나들어 왔다. 관심사가 워낙 다양하고 금방 싫증 내는 성격이다 보니 짧게는 1년, 길게는 5년 정도 하다가 그만두기도 했다.

직장 다니랴, 가족 챙기랴, 언제 그렇게 덕질할 시간과 정신이 있냐고 묻는 사람이 많다. 나에게 덕질은 단순히 돈을 쓰고, 시간을 때우는 취미가 아니다.

덕질은 나의 해피 바이러스이다. 덕질로 얻는 '소확행'은 이제 내 삶의 근간이다. 덕질이 없었다면 건강하게 가정과 직장을 양립하기 어려웠다.

덕질 덕분에 '워라밸'도 지키고, 주변 사람들에게 더 친절해지고, 몰랐던 재미도 하나씩 발굴해 냈다. 덕질을 하면서 나의 새로운 면을 발견하고, 나를 좀 더 잘 알게 되었다.

덕질은 나의 숨구멍이요, 생명줄이다.

10번 타자

파란 눈에 백발인 해리가 물었다.

"왜 야구를 좋아하시죠?"

정말 이해가 안 간다는 눈빛이었다.

청계천 부근의 카페에 앉아서 함께 추위를 녹이던 그의 아내이자 내 친구인 켈리, 그리고 그들의 한국인 입양 아들 저스틴은 나를 바라보며 미소 지었다. 그 둘은 내가 야구팬인 것을 알았고, 내 핸드폰 케이스의 선명한 야구팀 로고도 그 사실을 광고하고 있었다.

"물어보시기를 기다렸어요. (웃음) 첫째, 야구는 유일하게 공이 아니라 사람이 들어와서 점수를 내는 스포츠잖아요. 그게 매력이죠."

"아하, 그런 생각은 해본 적이 없네요."

"또 홈런(homerun)은 집으로 달려서 들어온다는 뜻이 있으니, 시적이지 않나요?"

해리는 고개를 끄덕이며 살짝 놀라는 표정을 지었다. 나는 준비되어 있던 나머지 대답을 이어 나갔다.

“그리고 타자는 적어도 세 번 타석에 서잖아요. 누구에게나 최소한 세 번의 기회가 온다는 의미여서 마음에 들어요. 우리 말에도 ‘삼세번’이라는 게 있거든요! 타석에서 삼진아웃을 당하거나 병살타를 쳐서 앞에 나가 있던 주자까지 죽이는 대역죄인이 되더라도, 실망하거나 포기하면 안 된다는 메시지를 주죠. 마지막 타석에서는 안타나 홈런을 쳐서 영웅이 될 수도 있으니까요.”

“흠… 그렇군요.”

해리의 반응에 나는 더 용기를 내어 마지막 이유를 말했다.

“마지막으로, 요기 베라(Yogi Berra)가 남긴 명언, ‘끝날 때까지 끝난 게 아니다(It ain’t over till it’s over)’를 빼놓고는 야구를 얘기할 수 없어요. 9회 말 투 아웃, 지고 있던 팀의 더그아웃에서 숨죽이고 지켜보던 선수들이 생수통을 들고 뛰어나와 끝내기를 친 동료에게 물세례를 퍼부을 때, 팬이라면 누구나 일어나서 환호성을 지른 기억이 있을 거예요. 정말 짜릿한 순간이죠.”

그는 못마땅하지만 이해한다는 듯 고개를 끄덕였고, 켈리는 남편 해리가 나에게 크게 반박하지 못하는 게 재미있는지 얼굴 한가득 미소를 머금고 있었다.

사실 내 ‘덕질’의 기원은 《해리 포터》가 아니라 야구다. 교실에서 트랜지스터 라디오로 몰래 고교 야구 중계를 듣던 중학생 시절로 거슬러 올라가니까. 그러다가 프로야구가 생기면서 미국에서 온 투수

박철순이 좋아서 OB 베어스의 팬이 되었고, 마침 극적으로 원년 챔피언까지 되니 더욱 야구에 빠져들었다.

한때는 온라인에서 만난 팬들과 같이 '직관(직접 야구장에 가서 경기를 관람하는 것)'도 하고, 잠실뿐만 아니라, 고척, 수원, 인천, 대구까지 원정 응원을 다녔다. 2015년 10월 31일 잠실 야구장에서 두산 베어스가 무려 14년 만에 네 번째 한국시리즈 우승을 달성하던 순간에는, 고맙게도 우리 네 식구가 나란히 그 현장에 있었다.

야구에서는 팬을 '10번 타자'라고 부른다. 타순은 1번부터 9번까지 있지만 팬들이 10번 타자처럼, 자기 일처럼 열정적으로 응원하기 때문이다.

삼십 년 이상 나와 살고 있는 남편, 그리고 아이스하키와 농구 팬인 해리에게는 공통점이 있다. 야구는 지루하다, 세 시간 이상 그걸 보고 있는 사람이 한심해 보인다 등등의 선입견이다.

나 역시 고정관념이 있었다. 미국인이면 다 야구팬인 줄 알았는데 저스틴이 야구장에 가본 적도 없다고 해서 놀랐고, 해리가 그렇게 야구를 싫어하는 줄도 몰랐다. 당시 나는 혼자서도 직관을 가곤 했는데, 서울에서 한국어학당에 다니고 있던 저스틴을 몇 번 초청해서 한국 야구의 독특하고 열정적인 응원 분위기를 체험하게 해주었다.

저스틴과 나의 인연은 그가 켈리와 함께 2008년 겨울 한국을 방문했을 때, 통역 자원봉사자를 찾으면서 시작되었다. 그들이 한국인

생모와 만날 때 통역 겸 관광 가이드 역할로 만났는데, 다행히 그들의 첫 상봉이 아니어서 덜 어색했고, 훨씬 자연스럽게 친해졌다. 당시 고등학생이던 저스틴이 이제는 아내와 함께 한국에 올 때면 생모까지 넷이 만나곤 한다.

내가 야구를 좋아하는 이유가, 저스틴과 켈리 모자가 걸어온 길에서도 보인다. 아들의 한국인 생모를 찾기 위해 진심을 다한 켈리의 시도와 노력(세 번의 타석), 한국어를 배우고 영어 강사로 일하기 위해 고향인 한국으로 돌아온 저스틴(homerun), 그리고 생모를 찾은 것에서 멈추지 않고 꾸준히 한국을 오가며 그녀와의 관계에 공을 들여온 그들(끝날 때까지 끝난 게 아니다).

포기하지 않고 꾸준히 정성을 쏟으면 언젠가는 대역전극으로 보답하는 게 야구이고, 그런 면에서 야구는 인생과 많이 닮아 있다. 왜 야구를 좋아하는지 묻는다면, 어떻게 좋아하지 않을 수가 있냐고 반문하겠다.

* 여기 나오는 외국인 이름(해리, 켈리, 저스틴)은 개인의 정보를 보호하기 위해 다 가명을 사용했다.

인생의 속도

내가 한때 '직밴(직장인 밴드)' 드러머였고, 공연도 여러 번 한 걸 아는 사람들의 질문은 한결같다.

"왜 하필이면 드럼이죠?"

대부분 기타 아니면 보컬에 관심을 보이는 세상에서, 왜 드럼에 빠졌는지는 나도 모르겠다. 그나마 어렸을 때 배운 악기는 피아노였는데…. 그냥 드럼의 비트가 어느 날 내 마음속으로 들어왔을 뿐이다.

드럼을 시작하면서 뜻밖에도 내가 '박치'라는 사실을 알았다. 양손과 양발을 동시에 혹은 엇박자로 움직여야 하는 악기가 드럼이다. 한 곡을 연주하는 동안 메트로놈처럼 박자를 잘 유지하기는 생각보다 쉽지 않다. 빨라지거나 느려지지 않고, 같은 템포를 끝까지 지키는 게 그렇게 어려울 줄은 상상도 못 했다.

처음에는 음악 학원에서 일대일 레슨만 받았다. 40대 중반에 새로운 악기를 배우면서, 단순히 드럼을 오래오래 하고 싶은 것 외에는 다른 목표가 없었다. 그런데 연습실에서 MR을 틀어 놓고 레슨을 받거나 혼자서 연습하는 걸로는 동기부여가 되지 않았다.

그래서 어느 정도 레슨을 받은 후에는 같이 연주할 직밴을 찾아 나섰다. 모르는 사람들이 있는 합주실로 찾아가서 오디션을 보고 떨어지기를 수차례, 드디어 나를 받아 주는 곳이 나타났다. 웬일인지(다행?) 그 밴드는 오디션을 하지 않고 면접만 보았다.

매주 홍대 앞 연습실에 모여서 리드 기타리스트의 자작곡을 비롯해서, 퀸, 윤도현 밴드, 마이 케미컬 로맨스, 그리고 메탈리카 등의 록 음악을 몇 시간씩 연습했다. 몇 달 후부터는 홍대, 합정, 강남의 클럽들, 양평의 야외공연장 등 여러 형태의 무대에도 섰다. 그러면서 무대 공포증도 서서히 극복하고, 단순히 악보만 따라가는 게 아니라 순간에 몰입하여 즐길 줄도 알게 되었다. 이 새로운 세계는 드럼을 배우지 않았다면 절대 만날 수 없었다.

또래들이 모인 밴드여서 연습을 하지 않는 날에도 함께 식사하고, 결성 2주년 축하파티까지 할 만큼 우리는 돈독했다. 아니, 돈독하다고 믿었다. 그러나 세상에 영원한 건 없고 밴드도 마찬가지임을, 어렵게 배웠다. 창단 멤버였던 보컬이 나가는 과정에서 잡음이 발생했고, 몇 달 후 결국 나도 그만두었다.

하지만 그대로 직밴 생활을 마감하기는 아쉬웠다. 드러머를 구한다는 공고를 훑어보다가, 블루스 음악을 하는 밴드에 합류하였다. 음악 전공자와 밴드 경력이 많은 멤버들 덕분에, 음악에 대한 지식도 늘어났다. 하드록에 비해 소프트한 음악을 하다 보니 체력적인 부담도 훨씬 적었다.

그 와중에 이사를 가면서 정들었던 음악 학원과 작별을 고했다. 하지만 블루스 음악을 채보(음악을 듣고 악보로 옮겨 적는 것)하기 위해서는 전문가의 도움이 절실히 필요했다. 세상의 잣대로는 새로운 악기를 배우기에 한참 늦은 나이지만, 지금에 비하면 그때는 젊었던 것 같다. 굳이 따로 선생님을 찾아가서 채보에 대한 조언까지 구했으니….

하지만 2017년 10월 20일 분당 에릭스 펍(Eric's Pub) 공연을 끝으로 직밴 생활에 마침표를 찍었다. 새로운 동네에서 연습실을 수소문하느라 연습량도 줄어들었고, 멤버들에게 더 이상 민폐를 끼치고 싶지 않았다. 드럼과의 인연은 그렇게 끝났다. 미련을 남기지 않기 위해, 한 번도 사용하지 않은 새 스틱 여러 개와 악보들을 친구에게 다 넘겼다. 하지만 마지막 공연에서 맛본 손맛이랄까. 무대에서 처음 느껴보는 희열을 경험했기에 후회는 없다.

아직도 음악을 들을 때는 드럼 소리가 먼저 귀에 꽂힌다. 연습하고 공연했던 음악이 라디오에서 흘러나오면, 이 박치의 마음은 그때 그 장소로 돌아가 있다. 심장소리와 비슷한 드럼 비트를 따라가다 보면, 어느새 음악이 끝난다.

영화 〈위플래쉬〉(2015년)에서 주인공은 손에서 피가 날 때까지, 아니 피가 난 후로도 계속 연습을 한다. 그 영화를 최근에 다시 봤는데, 몇 년 만에 다시 보기까지는 약간의 용기가 필요했다. 주인공의 감정선을 따라가다 보면 가학적인 교수의 만행을 마치 내가 당하는 것처럼 고스란히 느낄 수밖에 없기 때문이다. 그 고통을 이겨내며 영화를 끝까지 보았다.

그 교수가 내뱉은 수많은 명언(?) 중 가장 명료하게 남은 건, "너(네 연주가) 빨랐니, 아니면 느렸니?(Were you rushing or were you dragging?)"이다. 나 같은 박치 드러머의 정신을 혼미하게 하는 질문이 아닐 수 없다.

"당신 인생의 속도는 어떤가요? 빠릅니까, 아니면 느립니까?"

전도사

그녀를 처음 본 건 수년 전 한국 국제 교류재단에서 주최한 음악회였다. 무대 위로 걸어 나올 때부터 남다른 아우라를 풍기던 그녀. 큰 키에 마른 몸매, 풍성한 머리카락. 모델이나 공주라고 해도 누구나 고개를 끄덕일 것 같은 자태였다.

뛰어난 연주 실력과 수려한 외모로 단숨에 나를 사로잡은 그녀. 그 이후로 그녀의 공연을 검색하고 보러 가는 게 '덕질' 중 하나가 되었다.

무대 위에서 열정적으로 연주하는 모습을 보면, 선천적으로 왼쪽 귀가 안 들린다는 게 믿기지 않는다. 어떻게 한쪽 귀만 가지고 저런 연주가 나올 수 있을까? 그 재능과 노력은 계산이 안 된다.

1986년생. 만약 첫사랑에 성공했다면 딸뻘이 되는 나이, 내가 대학 입학하던 해에 태어났다. 유학 중인 부모를 따라 2살 때 영국의 한 작은 섬으로 이주한 그녀가 무대 위에서 영어로 곡 소개와 인사를 할 때면 귀가 살살 녹는다. 남들이 하면 딱딱하게 들리는 영국식 발음도, 그녀가 하면 노래처럼 달콤하다.

어릴 때 다친 턱관절을 치료하기 위해 6년 동안 수술과 재활을 인내한 그녀. 연주자로서 전성기인 20대 후반에 3년 반이나 악기를 잡지 못했다고 한다. 어쩌면 음악을 포기할 수도, 불투명한 미래에 대한 불안에 잠식당할 수도 있는 시기였다. 하지만 그녀는 음악과는 전혀 상관없는 일을 하면서 더 단단해졌다. 그렇게 음악과 거리를 두었기에, 오히려 더 소중히 여기게 되었을까. 불가마를 견뎌야 아름다운 도자기가 탄생하듯, 그녀도 고통을 이겨낸 후에 더 성숙한 연주자가 되었다.

'When you hit rock bottom, the only way to go is up(밑바닥을 쳤을 때, 유일한 길은 올라가는 거야).'라는 말이 있다. 그녀는 어둠 속에 숨어있거나 주저앉지 않았다. 숨을 크게 들이쉬고 도움닫기를 했다. 그리고 높이 날아올랐다.

국내에서 유일하게 1666년산 스트라디바리우스 바이올린을 평생 대여받아 연주하고 있는 그녀. 오랫동안 기다리던 그녀의 앨범이 24년 봄에 나왔다. 아이돌 앨범도 아닌데, 안에 있는 사진들이 다 패션잡지 커버 수준이다. 주변에 선물로 돌리며 꼭 들어보라고 홍보하고, 누가 시키지 않아도 그녀를 알리고 다니는 전도사가 되었다.

지난봄에는 내가 가장 좋아하는 공연장, 롯데 콘서트홀에서 리사이틀이 열렸다. 앨범 발매 기념 공연이라서 놓치고 싶지 않았다. 운 좋게도 가장 앞자리인 1열에 남편과 나란히 앉게 되어 더 의미가 있었다.

인터미션이 끝나고 2부 무대에 등장한 그녀는 관객들의 숨을 잠시 멎게 할 만큼 아름다웠다. 동양인이 소화하기 힘든 짙은 핑크빛 머메이드 드레스가 그렇게 잘 어울릴 수가! 비발디의 〈사계〉는 무척 긴 곡이지만, 그녀의 우아한 자태를 감상하다 보니 어느새 끝났다.

얼마 전 장마철 비를 뚫고 처음 간 성남 아트리움. 대극장이라고 하기에는 좁은 무대, 그래서 공연자의 표정까지 잘 보이고 연주가 더 잘 들린다. 국립 심포니오케스트라와 협연한 베토벤의 바이올린 협주곡 라장조, 작품번호 61번. 바이올린의 독주 파트에서는 마치 여러 대의 바이올린이 동시에 연주하는 것처럼 풍부한 소리가 극장 안을 가득 채운다. 단순히 훌륭한 악기 덕분일까? 아니다. 그녀의 뛰어난 작품 해석과 연주 스킬이 더 큰 몫을 했다고 믿는다.

드레스 밖으로 드러난 땀까지도 아름다운 그녀. 대부분의 공연을 보면대도 없이, 악보를 아예 안 보고 연주하는 '뇌섹녀'.

외할머니와 어머니까지 3대가 바이올린을 한 가족. 3대가 덕을 쌓아야 나온다는 전문 연주자.

그녀는 바이올리니스트 한수진이다.

'덕질'에는 나이가 없다 2

"아드님이세요?"

옆자리에 앉은 까마득한 후배가 핸드폰 배경화면에 있는 테너 서영택의 화보 사진을 보더니 한 질문이다. 큰딸보다 석 달 정도 먼저 태어났으니, 아들뻘이긴 하다(그렇다, 나는 그의 생일도 안다).

"ㅋㅋㅋ. 이렇게 잘생긴 아들이 있음 얼마나 좋겠어요? 난 딸만 둘이고…."

서영택에 대한 팬심, 그가 속한 크로스 오버 그룹 '포르테나'에 대한 '덕질' 요약본을 털어놓는다. 그의 뮤지컬 데뷔작인 〈베르사유의 장미〉를 예매해 놓고, 몇 달 전부터 심장이 두근두근, 보러 가는 날만 손꼽아 기다리고 있다고 고백한다. 동문회 임원들이 모여 회의 후 식사하는 자리가, 갑자기 나의 덕질 이야기로 후끈 달아오른다.

〈베르사유의 장미〉는 어릴 적 만화책과 TV 애니메이션으로 익숙한 제목이고, 내 또래 여자들에게는 수많은 향수와 추억을 불러일으킨다. 진작에 나왔을 것 같지만 이제야 뮤지컬로 제작되었다.

〈팬텀싱어〉 시즌 4에서 서영택을 좋아해서 응원한 그룹 포르테나는, 결국 준우승을 거머쥔 후 활발한 음악 활동을 하고 있다. 그의 한국 뮤지컬 데뷔작인데 최소한 한 번은 봐야 하지 않겠는가! 포르테나 공연이든 서영택의 뮤지컬이든, 모든 공연을 다 갈 수는 없지만 최선을 다해 보러 다닌다.

'핑클'의 옥주현이 뮤지컬 배우로 데뷔한 〈아이다〉(2005년)를 보면서 뮤지컬 덕질을 시작했다. 당시 초등학생인 두 딸도 함께 갔다. 남편은 차로 데려다주고, 끝난 후에 픽업만 했다. 그는 오케스트라 등 클래식 연주는 듣는데 노래와 춤이 나오는 뮤지컬은 질색을 한다. 그래도 해외에서 오는 내한 공연은 마지못해(?) 같이 가는데, 브로드웨이에서 온 〈라이온 킹〉과 〈시카고〉 등 손에 꼽는 몇 편만 같이 봤다. 그러니 '사대주의'라고 놀리지 않을 수가 없다. 치열한 티켓팅, 내 자리 하나 구하기도 벅찬데 억지로 같이 갈 필요가 있나! 그래서 혼자 다니기 시작했다.

퇴사를 하고 나니, 예전에는 아무렇지도 않던 소비도 한 번 더 생각하게 된다. 뮤지컬 좌석이 20만 원에 가까운 걸 아는 남편이 얼마 전에는, "당신 돈 많아? 어떻게 맨날 그렇게 공연을 보러 다녀?" 하고 비아냥거렸다. 그래서, "아니, 내가 명품 백을 사는 것도 아니고, 무슨 사치를 해? 나를 위해서 이 정도 돈도 못 써?" 하고 쏘아붙였다.

그는 내가 자주 간다고 느끼지만, 실상은 포기하는 공연이 훨씬 많다. 위치, 일정, 비용 등 여러 가지를 고려해서 안 가는, 혹은 못 가는 공연이 더 많은데, 불난 집에 부채질을 해댄다.

어떤 팬은 서영택이 출연하는 회차를 다 보러 가고 티켓 인증 샷을 올린다. 포르테나가 콘서트를 하면 지방 공연까지 보러 다니는 팬도 많다. 이런 사람도 있는데…. '남의 편'의 잔소리는 한 귀로 듣고 한 귀로 내보내야 정신건강에 좋다. 잊자, 잊어!

뮤지컬을 보고 와서 며칠 동안 '몰랑몰랑'한 행복감에 젖어서 지낸다. 그 효과가 사라질 즈음에 다시 또 예매 페이지에 들어와 있는 나를 발견한다. 마침 8월 한 달 할인 이벤트가 떴다. 평일 오후 2시 30분 공연에 무려 1열에 빈자리가 있다. 이건 나를 위해 하늘이 주신 자리다! 놓치면 평생 후회한다. 안 잡으면 바보다. 그렇게 또 예매를 하고 그날을 기다리는 동안 행복하다.

'행복 지수'가 상대적으로 낮다는 우리나라에서 행복감을 느끼게 하는 요인 네 가지 가운데 하나가 덕질하기다. 강원대 간호대 박현주 교수팀의 연구에 따르면, 덕질을 하는 그룹이 느끼는 행복감이 비덕질 그룹보다 현저하게 높다. 연구팀은 논문에서 '자신이 관심을 기울이는 분야에 선호도를 갖고 집중하고 심취하며, 이를 통해 행복감을 느낄 수 있다'라고 한다.

코미디 영화 〈파일럿〉에서 주인공 조정석이 오랜만에 본가에 갔는데 엄마가 안 계셨다. "엄마 어디 가셨어?"라는 질문에 여동생은, "성지순례."라고 답한다. 그가 방문을 열자, 그 '성지순례'의 비밀이

단박에 밝혀진다. 트로트 가수 이찬원의 실물 크기 등신대부터 온갖 포스터와 굿즈로 터질듯한 방 안 풍경. 귀가한 엄마는 이찬원이 잘 가는 맛집을 '성지'라 부르며 다녀왔다고 한다. 나는 그 장면에 크게 공감하며 함박웃음을 지었다.

아직 성지순례를 다니는 경지에 이르지도 않았다. 해외 공연을 따라가는 건 하늘의 별 따기만큼 먼 일이다. 유일한 사치인 콘서트와 뮤지컬. 지나고 보니 나의 갱년기 극복 프로젝트다. 덕분에 식구들에게 신경질도 덜 냈고, 마음의 평화도 얻었다.

'어덕행덕'이란 말이 있다. '어차피 덕질할 거, 행복하게 덕질하자!'의 줄임말이다. 누가 만들었는지 참 명언이다.

나만의 연예인

이벤트 티켓 2장이 당첨되어 막내와 함께 간 서초동 페리지 홀 콘서트에, 나만의 연예인이 기다리고 있었다. 첼로가 작다고 생각한 적이 없는데, 그의 앞에서는 작은 악기로 변신하는 마술! 큰 키에 긴 다리로 첼로를 감싸고, 풍성한 머리를 뒤로 넘기는 손짓까지, 그의 모든 게 멋있었다.

딸아이가 옆에서 "미중년이네."라고 말할 정도로 중후한 멋의 소유자였다. 검색을 해보니 동갑내기라서 더 좋아졌다.

그가 나오는 연주회를 보러 가고, 유튜브에서 연주 영상을 찾아보고, 연주를 더 듣고 싶어서 예전 앨범도 사고, 새로 나온 앨범도 주변에 선물하기 위해 몇 개 더 구입했다.

23년부터 그가 음악감독을 맡은 평창 대관령 음악제에 가고 싶었는데, 마침 후원자인 고교 동문회장님 덕분에 공짜 티켓이 생겼다. 우리 임원들은 회장님과 부회장님이 제공한 아름다운 숙소에서 한여름 밤의 꿈 같은 1박 2일을 보냈다.

개막 공연의 1부에서 연주한 그는, 인터미션 때 관중석 뒤에서 서

성였다. 몇몇 팬이 그에게 다가가 인사하고 사진 찍는 모습이 보였다.

선배 중 한 명이 갑자기 내 손목을 잡아끌었다.

"지원 씨! 여기까지 왔는데 인사하고 사진도 찍어야지! 내가 찍어 줄 테니 같이 가자!"

얼굴이 화끈거렸다. 내 몸은 의자에 들러붙어 꼼짝하지 않았다.

"아이, 창피해요. 무슨 사진을…."

선배는 혼자 그에게 다가가서 셀카를 찍고 와서 다시 나를 설득했다.

"내가 말해 놨어. 저기 앉아 있는 후배가 찐팬이라고! 가자!"

인터미션이 거의 끝나가는 고요한 뮤직 텐트 내부. 더 이상 실랑이를 하면 주변에 민폐일 것 같아서, 마지못해 일어났다. 그의 앞에 선 나는 수줍은 10대 소녀였다.

"안녕하세요. 영광입니다."

이렇게 딱 두 마디 하고, 도망치듯 자리로 돌아와 앉았다. 마침 2부 오케스트라 공연의 시작을 알리는 종이 울렸다. 이럴 때 하는 말이 'Saved by the bell(종이 울린 덕분에 살았다)'이다.

바로 앞줄에 앉아 있던 부회장님이 뒤돌아보며 한마디 하셨다.

"지원 씨, 저 사람 진짜 좋아하나 보네."

내 안에 얼어붙었던 10대 소녀의 마음을 녹인 그는 67년생 양띠 남자 중 최고, 나만의 연예인, 첼리스트 양성원이다.

6장

거울 속의 나

Reflection

창백한 그림자

어떤 영화는 자꾸만 생각이 난다. 머릿속에서 떨쳐 버리기가 힘들다. 연기와 대본, 연출까지, 삼박자가 더할 나위 없이 조화롭고 그저 아름다운 영화. OST로 나온 노래 〈A Whiter Shade of Pale〉(프로콜 하럼, 1967년)도 무한 반복해서 듣는다. 그래서 일주일 만에 또 보러 간다.

사울과 실비아는 다른 이유로 상처받은 영혼이다. 실비아는 13년째 AA(알코올 중독자 모임)에 나가며 술을 끊고 사는 싱글 맘이고, 사울은 아내가 죽은 후 조기 치매(dementia)에 걸려 독립적인 생활이 불가능하다.

실비아는 여동생 올리비아와 함께 고등학교 동창 모임에 갔지만, 와인도 못 마시고 보고 싶던 친구도 안 나와서 재미가 없다. 다들 춤추러 나간 사이, 한 남자가 옆자리에 앉으며 말없이 상체를 그녀 쪽으로 숙인다. 소름 끼치는 순간이다. 그녀는 서둘러 그 자리를 벗어나 전철역으로 향한다. 그런데 이 수상한 남자, 계속 그녀를 따라온다. 심지어 집 앞까지도! 다른 영화 같으면 소리를 지르거나, 죽자사자 도망치거나, 왜 따라오느냐고 따지기라도 할 텐데, 이 영화는 다르다. 이렇게 대사를 아끼는데도 전혀 지루하지 않다. 오히려 숨을 죽이고 보게 만든다.

비까지 내리는 밤, 사울은 실비아의 집 앞에서 불편한 잠을 잔다. 다음 날 아침, 실비아는 그의 지갑에서 동생 아이작의 명함을 찾아내 연락한다. 그렇게 사울과 실비아의 인연이 시작된다.

오랫동안 과거의 상처를 혼자서 끌어안고 살아온 두 사람. 외로운 사람들이 서로를 발견했다. 실비아는 사울 같은 사람을 돌보는 전문가다. 적어도 겉으로 볼 때는 그렇다. 하지만 이야기가 전개되면서, 오히려 돌봄이 필요한 사람은 사울이 아니라 실비아로 드러난다.

사울은 기억이 오락가락하기 때문에, 말도 많이 하지 않는다. 하지만 말이 필요 없는 위로, 그냥 곁에 있는 것만으로도 위로가 되는 사람이 있다. 그가 바로 사울이다. 돌보는 사람과 보살핌을 받는 사람을 가르는 경계가 얼마나 모호한지, 이 영화는 보여 준다. 상자를, 테두리를 벗어나서 생각하라고 일깨운다. 상처가 있고 부족한 사람도, 서로 돌보고 위로할 수 있다.

사소한 장면, 사소한 대사에서도 많은 걸 보여준다. 실비아가 사울을 돌보는 동안, 두 사람은 집에서 영화를 자주 본다. 영화를 보며 눈물도 흘리는 실비아. 알고 보니 사울은 치매 때문인지 영화의 줄거리를 따라가거나 몰입하기도 벅차다. 그렇지만 실비아가 영화를 좋아하니까, 옆에 같이 있어준다. 이런 게 배려이고 사랑 아닐까?

22년에 아카데미 여우주연상을 받은 후 첫 번째 작품으로 저예산 영화를 선택한 제시카 차스테인의 용기와 곧은 줏대가 참 아름답다.

"우리 영화는 '트레일러'도 없고, 헤어와 의상도 배우 본인이 직접 해결해야 하는데, 괜찮겠어요?"

첫 미팅에서 이렇게 말한 미셸 프랑코 감독에게 차스테인은 "아무 문제 없다."라고 호쾌하게 답하고, 오래전부터 함께 연기하고 싶었던 피터 사스가드를 상대역으로 추천했다. 사스가드는 이 영화로 베니스 영화제 남우주연상을 받았다. 두 배우가 꼭 한 번 작업해 보고 싶었다고 입을 모은 프랑코 감독의 흠잡을 데 없는 대본과 정교한 연출로 탄생한 영화 〈메모리(Memory)〉.

개봉관도 적고 상영시간이 안 좋은데도, 부지런을 떨며 멀리 움직여 두 번이나 보러 간 나 자신을 칭찬한다. 서로에게 다가가는 사울과 실비아는, 내 안에 숨어 있는 곪은 상처를 토닥여 주었다. 이런 게 영화의 힘, 예술의 힘이 아닐까.

이 영화를 관통하는 노래 제목 〈창백한 그림자〉가, '창백해지는, 희미해지는 상처'로 읽힌다.

'스포'도 괜찮아

몇 년 전 마블 영화를 보고 나온 관객이 다음 영화를 보려고 줄 서 있는 사람들을 향해서 영화 내용을 큰 소리로 떠들다가 폭행당했다는 뉴스를 본 적이 있다. 영화 '스포일러'를 얼마나 싫어하면 사람을 때릴까.

시사회를 보고 온 블로거들도 영화평을 쓸 때, '스포일러 주의!' 같은 경고문을 붙여 놓는다. 내용을 미리 알고 싶지 않은 사람은 읽지 말라는 친절한 안내이다. '덕질'하는 팬카페에서도 콘서트를 보고 온 팬들이 후기를 남길 때 '스포'가 있는지 없는지, 꼭 제목에 명시하라고 한다.

그런데 나는 오히려 스포를 찾아서 읽고, 미리 아는 걸 선호한다. 어차피 '회전문 관람'이 아니고 딱 한 번이라면, 미리 알고 보는 것과 모르고 보는 건 큰 차이가 있기 때문이다. 뒤에 나오는 반전을 미리 알면, 이야기의 구성이나 대사를 더 세밀히 관찰하게 된다. '아하, 저래서 이랬구나'라고 깨달을 때의 쾌감도 크다. 영화의 비밀을 나 혼자만 아는 것 같은 기분도 든다. 소설이나 시집을 읽을 때도 가끔 뒤에 있는 해설을 먼저 보기도 한다.

최근에도 화제의 영화를 보기 전에 일부러 스포를 찾아보았다. 반전이나 결말을 모르고 가기 위해 필사적으로 노력하는 사람에게는, 내가 오히려 이상해 보일 수도 있겠다. 하지만 반전을 모른 채로 영화를 보면, 끝나고 나올 때 뭔가 손해 본 느낌이고 억울하기까지 하다. 되감기를 해서 다시 볼 수도 없고, 앞에서 수없이 놓친 미끼와 행간의 의미들이 마음을 어지럽힌 적도 있다.

같은 맥락에서, 좋아하는 소설은 몇 번이고 반복해서 읽는다. 예전에 미국 시립도서관에서 빌려서 읽었던 인도 여류작가 아룬다티 로이의 소설 〈작은 것들의 신(The God of Small Things)〉(1997년)은 너무 좋아서 결국 새 책을 구입한 후에도 틈만 나면 다시 읽었다. 수많은 책을 버리며 이사를 여러 번 했지만, 아직까지 소장하고 있는 몇 안 되는 소설책 중 하나이다. 표지의 그림이 아름다운 것도 한몫했다.

최근에 아마존 킨들의 무제한 프로그램에서 《해리 포터》 시리즈를 발견했다. 한 달에 11불 결제하면 최대 10권까지 다운로드할 수 있는 구독 서비스인데, 인기가 많은 작가나 베스트셀러는 잘 올라오지 않는다. 그런데 《해리 포터》가 있는 걸 보고 얼마나 반갑던지! 예전에 비싸게 사서 마르고 닳도록 읽었던 하드커버 일곱 권은 지자체 영어 도서관에 기증했고, 생전에 또 읽을 일은 없을 줄 알았다.

그런데 이번에 일곱 권을 태블릿 PC에 다운로드하고 다시 읽으니, 새로운 재미가 있다. 처음 새 책을 받아서 읽을 때와 비슷한 흥분을 느꼈고, 마치 새로운 사실을 알게 된 양 감탄하며 읽었다. 세월이 많이 흐른 탓에 세세한 내용은 까먹고 있었는데, 예전에 눈물을 흘렸던 장면에서는 어김없이 또 눈물이 고였다.

소설을 영화로 만들면, 원작이 훨씬 나은 경우가 대부분이다. 《해리 포터》 역시 그랬다. 방대한 이야기와 다양한 캐릭터, 생생한 디테일을 어떻게 2시간 안에 다 담아내겠는가? 《해리 포터》 영화를 보고 나올 때마다 감동을 받기보다는, "아, 왜 **은 아예 안 나오는 거야?", 혹은 "무슨 요약본도 아니고…."라며 불평불만만 늘어놓았다. 그래서 최근에 TV 시리즈로 제작한다는 소식을 듣고 무척 반가웠다. 진작에 나왔어야 하는데, 늦은 감이 있다.

'브람스를 좋아하세요?'

2020년 가을에 나왔던 드라마 〈브람스를 좋아하세요?〉를 뒤늦게 '정주행'했다. 한 번 보는 걸로는 성에 안 차서 유튜브로 메이킹 영상도 찾아보고, 티브이 화면으로 다시 또 보고…. 한마디로 헤어 나오지 못하는 중이다.

여기에 나오는 수많은 클래식 음악 중에 세자르 프랑크의 '바이올린 소나타 A장조'가 특히 마음에 와닿았다. 내가 가장 좋아하는 바이올리니스트 한수진이 낸 앨범에도 수록되어 있는데, 막상 드라마에서 들으니 생소하면서도 신선했다.

바이올린 소나타에서 피아노는 단순한 반주가 아니고 함께 음악을 만들어 나가는 파트너라는 걸, 지도 교수의 대사를 통해서 작가는 말한다. 대학원 입시와 졸업 연주회를 위해 프랑크 소나타를 연습하면서, 주인공 채송아는 두 가지 짝사랑으로 심란하다. 바이올린에 대한 짝사랑, 그리고 동갑내기 '월클' 피아니스트 박준영에 대한 짝사랑….

무념무상으로 듣던 소나타에 드라마 속 연인의 스토리가 겹치면서, 나에게 말을 건다. 이제 이 소나타는 단순히 한수진의 앨범에 실린 곡이 아니라, 〈브람스를 좋아하세요?〉와 연결되어 새로운 의미를 가진다.

몇 년이 지나도 가을이면 여전히 팬들의 감성을 건드리고 반복 정주행을 하게 만드는, 그리고 뒤늦게 입문한 나 같은 신입 '단원'(이 드라마의 팬덤명)까지 단숨에 사로잡는 이 드라마의 매력은 뭘까?

중간에 '고구마'도 등장하지만, 그래도 대학에서 바이올린을 전공한 작가의 배경지식과 리얼리티가 곳곳에서 진가를 드러낸다. 클래식 음악으로 인물들의 관계를 표현하고 이야기를 엮는 솜씨가 보통이 아니다.

그냥 시늉만 한 게 아니라, 몇 개월씩 연습해서 실제 연주를 카메라에 담은 배우들의 노력과 열정이 기특하고 예쁘다. 천재 소녀로 방송을 탔던 고소현 양이 코로나 시국에 잠시 귀국했을 때 직접 출연해서 신들린 연주를 한 것도, 기분 좋은 보너스다.

내로라하는 대학의 경영학과를 졸업했지만, 취미로 하던 바이올린을 전공하겠다는 폭탄선언으로 가족과 친구들을 놀라게 한 채송아. 쇼팽 콩쿠르에서 한국인 최초로 '1위 없는 2위'에 입상한 후 전 세계를 돌며 연주하는 유명 피아니스트가 됐지만, 여러 상황 때문에 전혀 행복하지 않은 박준영. 바이올린을 사랑하는 크기만큼의 재능은 없어, 맨날 실기 꼴찌라고 수모를 당하는 송아. 남들이 부러워하는 재능과 인기를 지녔지만, 피아노 연주로 번 돈으로 아버지가 친

사고를 수습하기에도 벅찬 준영. 이 두 사람의 감정선을 따라가다 보면, 나의 대학 시절과 첫사랑까지 소환된다.

'다시 돌아간다면, 어느 나이로 가고 싶은가?'라는 질문에, 나는 늘 '왜 돌아가? 전혀 돌아가고 싶지 않다'라고 답한다. 그리고 '죽어도 돌아가기 싫은 나이'는 20대라고 말하곤 한다. 갑자기 주어진 자유, 하지만 모든 게 불확실하고 감정은 널을 뛰고, 사랑 역시 서툴렀던 시절.

이 드라마는 누구나 거쳐온 그 시절을 아름답고 밀도 있게 그리기에, 공감대가 넓고도 깊다. 왜 드라마 제목이 〈브람스를 좋아하세요?〉인지 궁금하다면, 지금도 늦지 않았다.

이별의 여러 얼굴

감독 드니 빌뇌브의 이름을 영화 팬들에게 각인시킨 〈그을린 사랑〉(2011년)이 무려 14년 만에 재개봉했다. 영화평론가 정성일의 '당신께서 처음 본다면 쇼크에 주의해야 할 것이고, 두 번째 보신다면 슬픔에 마음의 준비를 해야 할 것이다'라는 말에서 짐작하듯, 이 영화는 평범한 사랑 이야기가 아니다. 감독이 처음에 연극을 보고 충격을 받아서 판권을 샀고, 그 후 수년에 걸친 작업 끝에 완성했다는 비하인드 스토리 등 이야깃거리도 풍부하다.

나 역시 처음 개봉 때 놓친 영화라서 얼른 예매를 하고 들뜬 마음으로 보러 갔다. 그런데 영화가 끝난 후 가장 뇌리에 오래도록 남은 건, 죽은 엄마의 유언 중 장례식에 대한 부분이다. 참으로 엉뚱한 데 '꽂혔다'.

'수의도 관도 필요 없다, 나체로 땅에 묻되 하늘이 아니라 땅을 바라보게 눕혀라'라는 등, 도통 이해할 수 없는 엄마의 유언을 존중하고 싶은 딸과 화부터 내는 아들.

부모의 뜻을 받들기보다는, 자신의 사회적 체면을 더 앞세우는 자식은 주변에 흔하다. 연명치료 거부서를 작성한 부모의 뜻과는 반대로 연명치료를 원하는 가족도 있다.

색다른 장례식으로 기억되는 영화가 또 있으니, 〈첫눈에 반할 통계적 확률〉(2023년)이다. 암에 걸린 엄마가 죽기 전에 본인도 참가하는 장례식을 하고 싶다는 소원대로 연극인 친구들을 불러 모은다. 추모객들은 무대에 올라 각자 준비한 셰익스피어의 짧은 연극을 선보이며, 그들만의 방식으로 유쾌하게 이별을 고한다.

이 영화에서도 주인공인 아들은 엄마에게 화가 난다. 암 치료도 거부하고, 아직 죽지도 않았는데 장례식까지 여는 엄마를, 아들은 이해할 수가 없다.

《모리와 함께 하는 화요일》(1997년)이라는 책이 나온 후 한때 해외에서 'living funeral(아직 살아있을 때 하는 장례식)'이 유행했다. 특히 불치병을 앓거나 시한부 인생인 사람들이 많이 했다.

꼭 시한부가 아니어도 어느 정도 나이를 먹었을 때 장례식을 미리 하는 것도, 의미가 있다고 생각한다. 그동안 열심히 살아온 인생을 축하하고, 고마운 사람들에게 감사를 표하는 자리로 말이다. 울음이 아니라 웃음이 넘치고, 상실보다는 축복을 얘기하는 장례식을 해보고 싶다.

수년 전 친정아버지가 돌아가셨을 때 조문객들에게, "아버지가 시신 기증을 하셨다"라고 말하면 색안경을 끼고 우려하는 사람이 많았다. 막상 유족으로서 겪어보니, 시신 기증만큼 깔끔하고 편한 장례가 없다. 발인하는 날 가족들만 모여 간소하게 장례미사를 치르면,

병원에서 바로 고인을 모시고 간다. 유족은 그대로 집으로 돌아가 쉴 수 있다. '연구'가 끝나면 병원에서 알아서 화장하고 연락을 준다.

그 후 시아버님도 시신 기증 서약을 하셨고, 우리 부부도 그 길을 따랐다. 물려줄 재산은 없지만 자식들이 장례라도 간소하게 할 수 있다면, 한결 편하게 떠날 수 있겠다. 평소에는 로또처럼 안 맞는 우리 부부가, 이 문제만큼은 일심동체이니 다행이다.

이별에는 여러 얼굴이 있다.

종이 한 장 차이

미국에서 둘째를 임신하고 있을 때다. 토요일 오전, 남편은 과음으로 늦잠을 자고 있었다. 전날 내린 눈이 쌓였지만, 당장 아이에게 먹일 우유 등 필요한 식료품을 사야 했다. 첫째를 카 시트에 태우고 혼자 장을 보러 갔다가 오는 길, 아파트 앞으로 들어가는 내리막 커브길에서 갑자기 차가 계곡 방향으로 미끄러지기 시작했다. 나도 모르게 비명을 지르며 운전대를 반대 방향으로 틀었고, 뒷좌석에서는 아이가 크게 울었다. 다행히 차가 계곡에 처박히지는 않았지만, 부른 배를 감싸고 우는 아이를 차에서 꺼낼 때는 온몸이 부들부들 떨렸다. 그때 이후로 눈길 운전은 절대 안 한다.

3월 중순인데 테라스에 소복하게 쌓인 눈을 보니, 또 그날이 떠오른다. 몇 년 전 이사를 오면서, 매년 겨울이 눈과의 전쟁이다. 폭설이 내리면 꼬박 하루는 고립을 각오해야 한다. 평지에 살 때는 눈이 그저 아름다운 피사체였고, 반갑기까지 했다. 그 시절이 까마득하다.

나의 공포증이 어디 눈 하나일까. 어릴 때 수영장에 빠진 이후로는 물도 무서워한다. 여태 수영을 못 배운 이유다. 이렇게 보면, 나와 '몽크'라는 사람은 크게 다른 부류가 아닌 것 같다.

천재적인 사건 해결 능력으로, 한때 샌프란시스코 경찰의 자랑이었던 몽크. 원래부터 여러 공포증을 가지고 있던 몽크는, 불의의 사고로 아내를 잃은 후 그 증상이 더 악화되어 사회생활이 불가능하다. 그래서 휴직을 하고 사립 탐정으로 활동한다.

팬데믹이 발생하기 거의 20년 전에 나온 드라마지만, 그는 악수한 후에 바로 물티슈로 손을 박박 닦아야 직성이 풀린다. 그러면 상대방은 영문을 몰라서 당황하고, 언짢다. 그는 남의 물건에도 막 손을 대는데, 모든 게 줄과 각을 맞춰 있지 않으면 못 견디기 때문이다.

몽크와 나는 그저 종이 한 장 차이가 아닐까? 몽크가 희화화되는 걸 마냥 웃으면서, 남의 일인 양 선을 그을 수가 없다.

남편은 자신이 몰랐던 공포증 하나를, 몇 년 전 MRI를 찍으면서 알게 되었다. 기계 안으로 들어가는 순간 갑자기 숨이 가빠지는 증상에, 본인이 가장 놀랐다. 이름하여 '폐소 공포증'. 그 이후로는 작은 엘리베이터 앞에서는 심호흡부터 한다. 마음의 준비 없이는 식은땀이 난다.

동그라미가 여러 개 모여 있는 걸 못 보는 환공포증, 그리고 고소공포증은 두말하면 잔소리일 정도로 많은 사람들이 갖고 있다. 연예인들의 홍보(?) 덕분인지 공황장애도 많이 알려졌다. 누구에게나 갑자기 닥칠 수 있다고 하니, 인생은 역시 계획대로 안 된다.

몽크에게 갖가지 공포증이 없었다면, 그가 무난한 성격의 소유자였다면, 드라마가 나왔을까? 그의 공포증이 유머로 승화되면서 흥미진진한 이야기가 나온다. 그의 예민함 때문에, 남과 다른 시각 덕분에 어려운 사건이 해결되고, 범인이 잡힌다.

트라우마나 공포증의 노예가 되지 않고, 오히려 슈퍼파워로 승화시킨 게 아닐까? 초능력까지는 아니어도 그냥 비염이나 근시처럼 익숙하게, 사이좋게 공생하고 싶다.

7장

아직도 꿈꾸는 자

Push the envelope

낯선 손님과 뜻밖의 선물

땡땡이

어느 팬레터

앓느니 죽지

낯선 손님과 뜻밖의 선물

몇 년 전 봄, 건강검진 결과 보고서를 읽으며 목덜미가 서늘해졌다. '망막전막'이 의심되니 안과에서 정밀검사를 받으라는 내용이었다. 초등학교 2학년 때 전교에서 처음으로 안경을 써서 동물원 원숭이처럼 구경거리가 되기는 했어도, 어릴 때 결막염을 앓기는 했어도, 건강검진에서 안과 문제가 발견된 적은 없었다.

대기만 한 시간이 넘는 동네 안과에 가장 빠른 예약이 몇 주 후였다. 그렇게 방문한 병원은 공장처럼 매우 기계적으로 그러나 정교하게 돌아갔다. 여러 검사를 거쳐 드디어 마주한 의사는 "자각 증상이 전혀 없었나요?" 물으며 놀라워했다. 보통은 갑자기 직선이 곡선으로 보이거나 울퉁불퉁하게 보여서 찾아오고, 나처럼 아무 증상도 없이 오는 경우는 극히 드물다고 한다. 남편과 함께 연례행사로 꼬박꼬박 검진을 받은 덕분인가.

망막전막이라는 말조차 생소했다. 주변에서도 모두 처음 듣는다고 했다. 사진을 보니 왼쪽은 지극히 정상인데, 오른쪽 망막만 오목하게 파인 부분이 지저분해 보였다. 원인은 밝혀진 게 없다. 그 상태로 몇 년이 갈 수도 있고, 갑자기 악화되면 수술이 필수라고 한다. 심하면 실명할 수도 있다는 의사의 말이 뇌리에 박혔다.

그 후 3개월 단위로 재검을 받았다. 그런데 그새 망막 상태가 조금 더 안 좋아졌다며, 수술은 큰 병원에서 해야 하니 알아보라고 했다. 마침 학교 선배가 최근에 같은 수술을 했다고 해서 의논했다. 종합병원에서는 전신마취에다가 3박 4일 입원인데, 선배는 개인병원에서 눈만 마취하고 수술 당일에 퇴원했다고 한다. 수술 중 화면에 비친 본인의 눈을 생생히 보아야 하는 상황을 묘사하는데, 귀를 막고 싶었다.

단추를 달기 위해 실을 바늘에 꿰다가 처음 느낀 노화의 징후. 그날의 충격은 날카로웠지만, 이제는 희미한 추억으로 남았다. 비문증이 무엇인지도 모르고, 눈앞에 떠다니는 이물질에 잔뜩 겁먹고 안과를 찾아갔을 때의 기억도 선명하다. 하지만 그 무엇도 망막전막이 가져온 충격과 절망에 비할 수는 없다.

몸에 칼 대는 게 싫어서 쌍꺼풀 수술은커녕 라식이나 라섹도 안 받고 살아왔다. 전신마취니 실명이니 하는 단어들이 하루아침에 나를 점령했다. 만에 하나 눈이 안 보이게 된다면, 가장 큰 후회는 무엇일까? 그 질문에 바로 떠오른 건 오직 하나, 의심의 여지가 없었다.

그때부터 글쓰기에 대한 촛불을 마음에 켰다. 눈이 멀기 전에, 죽기 전에 최소한 책 한 권은 남기겠다는 목표가 생겼다. 내 이름으로 된 책을 세상에 내놓기 전까지는 실명하지 않겠다는 의지가 생겼다.

아무리 자주 가도 도저히 적응이 안 되는, 종합병원만의 분위기와 냄새가 있다. 이 세상에서 제일 혐오하는, 가기 싫은 장소를 꼽으라면 종합병원이다. 장례식 때나 가던 병원에 정기적으로 드나드니, 어깨도 축 처졌다.

기나긴 대기 끝에 알현(?)할 수 있는 교수가 옆방 환자를 보는 동안, 친절한 레지던트가 검사 사진을 띄워놓고 궁금증을 대신 풀어준다. 나에게 단 1분도 할애하지 않는 교수는 그래도 마음의 안정을 선물로 주었다. “아직 수술은 필요 없어요.”, “실명 안 하십니다. 그런 걱정은 안 해도 돼요.”

인기에 반비례해서 대답이 짧고 명료한 교수지만, 개인병원처럼 쉽게 수술 결정을 하지 않는 점은 마음에 들었다. 그렇게 일 년 정도 지겹게 다니던 병원을 이제는 봄과 가을, 두 번만 가면 된다. 큰 변화가 없으니 그렇게만 와도 된다는 말에, 마치 완치된 것처럼 마음이 가벼워졌다.

처음에는 무턱대고 두렵기만 하던 망막전막. 만약 그가 찾아오지 않았다면, 과연 다시 글을 썼을까? 뒤로 미루기를 밥 먹듯 하는 게으른 성격을 너무 잘 알기에, 낯선 손님이 고맙기까지 하다. 그는 어느 날 갑자기 떠나지 않는다. 치료 약도 없다. 죽을 때까지 나와 함께 머물 손님이다. 그래도 뜻밖의 선물을 가져왔기에, 그와 기꺼이 동행하려고 한다.

땡땡이

고등학교 때까지는 모범생이었다. 나에 대한 애정을 수업 시간에 대놓고 표현한 선생님도 몇 분 계셨는데, 국어 선생님은 철학책을 읽고 제출한 독후감을 칭찬하셨고, 세계사 선생님은 소설가를 꿈꾸면서도 국문과가 아니라 철학과를 지망한다는 사실을 높게 평가하셨다. 두 분 다 모교 출신의 여자 선생님이었다. 그렇게 선생님들 눈에서 하트가 나오게 했던 내가, 딱 한 번 땡땡이를 친 일이 있다.

우리 학교의 별명은 '양로원'이었고, 그만큼 교사들의 연령대가 높기로 유명했다. 역사가 오래된 사립학교이니 당연한 결과지만, 어린 나이에는 '양로원'에 배정된 게 왜 그렇게 싫던지…. 우리 중학교에서 같이 가는 친구들이 손에 꼽을 만큼 적다는 사실 때문에 더 싫었는지도 모른다.

그렇게 입학한 학교에서는 나같이 삐딱한 신입생이 많음을 이미 간파하고 있었나 보다. 훌륭한 졸업생들을 초대해서 무용실에서 특강이 있다고 했다. 신입생들의 애교심을 불러일으키려는 의도가 보였다.

일주일 동안 진행된 특강에서 다른 선배들은 내 관심 밖이었지만, 소설가 박완서는 달랐다. 그녀가 동문이라는 건 알고 있었지만, 막상 가까이에서 본다고 하니 실감이 안 났다. 결혼 후 육아를 하는 와중에 무려 마흔의 나이에 데뷔해서 화제를 일으켰던 작가. 수많은 '경단녀'에게 꿈과 희망을 심어준 그녀가 오다니!

백세 시대인 지금은 마흔 등단이 뉴스거리도 안 된다. UN에서 발표한 새로운 연령 분류에 따르면 18세부터 65까지는 청년이다. 하지만 70년대에 여자 나이 마흔이면 그냥 중늙은이로 여겨졌다. 아무런 목표나 꿈이 없는 나이로 취급당했다. 그런 편견을 깨고 등단한 데다가 계속 활발하게 작품을 썼으니, 열일곱 소녀의 눈에 그녀는 슈퍼스타였다.

솔직히 강연 내용에 집중하기도 힘들 만큼 설렜다. 강연이 끝나자마자 친구 Y에게 속삭였다.

"우리 종례 땡땡이치고 교장실 앞에서 기다리자."

"교장실? 왜?"

"박완서 선배님이 교장하고 같이 나갔어. 그 앞에서 기다리면 인사할 수 있을 거야."

당시 담임은 내가 좋아하던 남자 국어 교사였다. 학교 신문반 기자 선발 때도 면접관이었고, 내가 기자로 뽑힌 걸 축하하고 격려해 주신 분이다. 그분 눈 밖에 나기는 죽기보다 싫었다. 그런데도 나는 그런 짓을 꾸미고 있었다.

Y의 얼굴이 살짝 어두워졌다.

"종례를 우리 둘 다 빠지면, 담임이 금방 알아차릴 텐데?"

"상관없어. 딱 한 번이야, 이번 한 번만."

교장실 앞에서 혼자 기다려도 될 것을, 왜 굳이 친구를 끌어들였는지…. 지금 생각하면 내 용기가 그만큼 부족했나 보다.

Y는 내 얼굴을 유심히 살피더니 이내 고개를 끄덕였다. 간절함이 통했다. 교실로 돌아가는 무리와는 반대로, 우리는 1층 교장실 앞으로 갔다. 기다리는 내내 마치 화장실에 가고 싶은 사람처럼 몸이 비비 꼬였다. 그사이 종례가 끝나면 어쩌지, 우리의 땡땡이를 담임이 알아차리면 어쩌지, 별의별 생각이 머릿속을 어지럽혔다.

몇 분이나 흘렀을까. 교장실 문이 열리고 박완서 선배의 얼굴이 나타났다. 90도로 꾸벅 인사부터 했다.

"안녕하세요, 선배님! 저는 올해 입학한 곽지원입니다!"

"아, 그래요? 반가워요."

"오늘 선배님 특강 잘 들었어요. 저도 선배님처럼 훌륭한 소설가가 되는 게 꿈입니다!"

그녀의 얼굴에 온화한 미소가 번졌다.

"열심히 쓰세요. 그럼 언젠가는 좋은 작가가 될 거예요."

막냇자식 또래의 당돌한 후배에게, 그녀는 무척 따뜻하고 너그러웠다. 그 따사로움이 나를 보호막처럼 감싸면서, 땡땡이에 대한 불

안과 초조도 멀리 달아났다. 그 무엇도 두렵지가 않았다. 그런 기(氣)와 축복을 받았는데도, 아직까지 작가가 되지 못했다. 마흔을 훌쩍 넘기고 내일모레가 환갑인네, 나의 미망(迷妄)이 땡땡이는 안 되게 하고 싶다. 담임이 종례 땡땡이를 눈감아 준 것처럼, 선배님도 지금 저 위에서 나의 땡땡이를 지켜보고 계시려나?

* 미망(迷妄): 갈피를 잡지 못하고 헤매는 상태

* 미망(未忘): 잊으려 해도 잊을 수가 없음 / 박완서 대하소설, 1990년

어느 팬레터

고등학교 2학년 어느 날, 학교로 편지 하나가 배달되었다. 학교로 편지를 보낼 사람이 없는데? 묘한 기분으로 봉투를 뜯었다. 모습을 드러낸 건, 놀랍게도 팬레터였다.

한 달 전, 교내 문예창작대회 단편소설 부문에서 상을 탔다. 당선작은 학교신문에 실렸고, 하루아침에 유명 인사가 되었다. 편집장이 되어 직접 만든 신문에 소설이 몇 페이지에 걸쳐 실리니 쑥스러웠지만, 뿌듯했다. 소설가가 되고 싶다는 꿈이, 처음으로 세상의 인정을 받은 순간이었다.

편지를 보낸 사람은 인근의 다른 여고 학생이었다. 우리 학교에 다니는 친구를 통해 우연히 나의 글을 보게 되었고, 깊은 공감대를 느껴 편지를 쓴다고 했다. 생전 처음 받은 팬레터에 당황했지만, 힘도 얻었다.

고등학교 동창들을 졸업 후 28년 만에 처음 만났을 때, 그리고 그 이후로도 가장 많이 듣는 말이, "너 글 잘 썼잖아! 왜 소설가가 안 된 거야?"이다. 그 말은 양날의 검이다. 나의 부족한 재능과 게으름을 깨닫는 자극이기도 하지만, 나름 반짝였던 학창 시절을 추억하게 도 된다. 추억의 끄트머리에 그 팬레터가 있다.

그녀와 나는 고3이 되기 전까지 몇 번의 편지를 주고받았다. 서로 가까운 학교에 다니면서 왜 직접 만날 생각은 안 했는지 모르겠다. 그 시절 고3은 모든 일상을 멈추고, 공부만 해야 했나 보다. 실상은 그렇지 않은데 그냥 그래야 도리인 줄 알았으리라…. 물론 아빠의 부도로 갑자기 온 가족이 흩어져 몇 달간 남의 집에서 살았기 때문에, 펜팔에 신경 쓸 겨를이 없기도 했다.

그렇게 기억 속에서 멀어져 간 그녀의 이름을, 상상도 못 한 의외의 장소에서 마주쳤다. 86학번을 선발하는 학력고사에서 있었던 두 가지 큰 변화 가운데 하나가, 원서를 낸 학교에 가서 치러야 하는 논술고사였다. 논술학원도 없는 과외 금지 시절에 무슨 논술을 어떻게 준비했는지 모르겠다. 지금 생각해도 참으로 황당한 입시였다.

철학과에 지원한 학생들끼리, 여러 교실에 나누어서 자리가 배정되었다. 원서를 낸 순서대로, 나는 창가에 있는 4번 자리에 앉았다. 논술고사가 시작되기 전 주변을 둘러보는 와중에, 내 옆줄 앞쪽 자리 책상에 붙어있는 이름이 눈길을 붙잡았다. 흔하지 않은 이름이었기에 팔에 소름이 돋았다. 그녀가 틀림없다는 예감이 머릿속에 자리 잡았다.

논술 주제와 시험지를 받고, 무슨 정신으로 글을 썼는지 모르겠다. 내 눈길은 자꾸 그녀의 뒤통수와 이름으로 향했다. 펜팔 중에 무슨 공부를 하고 싶다거나 어느 대학이 목표라는 얘기는 서로 하지 않았다. 그저 문학 얘기, 음악 얘기, 그런 '소녀스러운' 얘기들만 주고받았다. 그녀와 내가 같은 대학, 같은 과에 원서를 내고, 또 둘 다 합격할 확률이 대체 얼마나 될까? 만약 합격해서 같이 다니게 된다면, 우리의 관계는 어떻게 될까? 정신 차리자, 집중하자, 계속 스스로를 다그치며 글을 썼다. 이미 체력장에서 4점이나 깎였기 때문에, 논술 점수가 중요했다.

고사장을 빠져나오기 전에, 중대한 선택의 기로에서 머뭇거렸다. 그녀에게 다가가서 내 정체를 밝힐지 아니면 모른 척하고 나올지…. 만약 둘 중 한 명만 합격한다면, 그렇게 나누는 인사가 독이 될 것 같았다.

그런데 뒤통수만 보이던 그녀가 드디어 고개를 돌렸고, 일어섰다. 그리고 천천히, 아주 천천히 내 책상 앞으로 다가왔다.

"안녕. 나야, **이."

아, 그녀도 내 이름을 봤나 보다. 나는 세상에서 가장 어색한 미소를 지으며 그녀를 올려다보았다.

"안녕. 이런 데서 만나게 될 줄은… 진짜 몰랐어."

"그러게 말이야. 우리는 역시 통하는 데가 있나 봐? ㅎㅎㅎ."

"깜짝 놀랐어, 네 이름 보고."

“나도 아까 화장실 가기 전에 네 이름 봤거든. 이 세상에 ‘곽지원’이란 이름이 또 있겠어? ㅎㅎㅎ.”

처음 얼굴을 마주한 우리는 편지를 쓸 때와는 달리 어색하게 대화를 마쳤고, 그렇게 헤어졌다. 다행히 둘 다 합격해서 몇 달 후 학교에서 재회했지만, 주변의 예상과는 달리 우리는 ‘베프’가 되지 않았다.

마치 달과 지구처럼, 우리 사이에는 늘 일정한 거리가 있었다. 무엇이 우리 둘 사이를 가로막았을까? 아직까지도 풀리지 않는 의문이다.

누가 뭐라고 해도 나의 첫 번째 팬이었던 그녀, 지금은 어디서 무엇을 하며 살까? 다시 만난다면, 감사의 인사로 근사한 식사라도 대접하고 싶다.

앓느니 죽지

브라더 앤서니(Brother Anthony)는 은인이다. 한국 이름도 있지만, 수도원 출신이니 '브라더(수도원에서 수사들끼리 서로를 부르는 호칭)'로 부르라고, 첫 시간에 공지를 했다. 서강대학교 영문과 교수로 은퇴한 파란 눈의 이방인을, 한국문학번역원에서 한영 번역을 공부할 때 은사님으로 만났다.

필기시험을 마치고 대면 인터뷰를 할 때, 외국인도 아니고 영문학 전공자도 아닌 내가 과연 문학 번역 과정을 잘 따라갈지 걱정해 주던 분. 특별 과정이 끝나고 앞에 나가서 수료증을 받을 때만 해도 왜 내가 대표로 호명됐는지 몰랐다. 나중에야 브라더 앤서니가 뽑은 우수 학생 중 한 명이라고 들었다. 우수 학생이 한 명은 아니었는데, 아마도 최연장자라서 대표로 받으라고 한 것 같다. 어쨌든 다음 단계인 심화 과정까지, 그의 추천 덕분에 올라갈 수 있었다.

우연히 알게 된 한국문학번역원의 특별 과정은, 마흔 넘어서 입사한 회사 생활에 적응하려고 발버둥 치던 2009년에 들어갔다. 지금 생각하면 미친 짓(?)이었다. 무슨 배짱으로 두 가지를 동시에 할 수 있다고 생각했는지…. 체력도 정신력도 지금보다는 많이 젊어서 그랬나 싶다.

회사도 삼성동, 번역원도 삼성동이라 무척 쉽게 생각했다. 일주일에 한 번, 퇴근 후 걸어가서 수업 듣는 것쯤이야! 그런데 입학하자마자 일이 꼬이기 시작했다. 브라더 앤서니가 명예교수로 있는 서강대학교에서 수업을 한다는 공지가 떨어졌다. 스스로 선택한 길, 유턴은 없었다. 멀티가 가능하다는 자신감 하나로, 무조건 전진, 전진뿐이었다.

수강생 대부분이 통번역대학원 졸업생 아니면 외국인이고, 영문학과 졸업장도 없이 맨땅에 헤딩하듯 들어온 사람은 나 하나였다. 하지만 새로운 소설을 번역할 때, 그 작품이나 작가에 대해서 나만큼 잘 아는 사람은 없었다. 영어가 모국어인 동료들도, 그 부분만큼은 인정하고 귀를 기울였다.

유명한 통번역대학원 현직 교수들에게 수업을 받고 까다로운 과정을 거쳐 선발하는데도, 수업료는 단돈 10만 원이었다. 주기적으로 열리는 문학기행이나 소설가 초빙 강연도 다 무료였고, 반별 회식도 번역원에서 비용을 댔다. 공공기관에서 운영하는 과정의 장점을 온몸으로 체험하며, 감사한 마음으로 다녔다.

초청 강연에서는 좋아하는 소설가 이승우를 가까이서 만나고 대화도 나눴다. 그때 같이 찍은 사진은 지금 어디로 갔는지…. 문경, 청송, 안동을 코스로 잡은 문학 기행은 작가 김주영과 함께했다. 작가의 서명을 받은 《고기잡이는 갈대를 꺾지 않는다》(1988년)를 오랜만에 책장에서 찾아 펼치며 추억에 잠긴다. 그때 처음 걸었던 문경새재에 홀딱 반해서, 나중에 가족과 함께 여러 번 여행을 갔다. 지금도 문경새재는 가장 좋아하는 여행지 가운데 하나다.

학생들끼리 우스갯소리로, "앓느니 죽지."라는 말을 한 적이 있다. 남의 창작물을 번역하는 데 에너지를 쓰느니 본인이 직접 창작하는 게 낫다는, 자조 섞인 유머다. 그만큼 번역의 고통은 밖에서 보는 것보다 크다.

심화 과정에서는 교수도 바뀌고, 수강생도 열댓 명에서 다섯 손가락에 꼽는 숫자로 확 줄어들었다. 수업도 2주에 한 번, 대신에 과제가 몇 배로 늘어났다. 해가 바뀌어 2010년, 하필이면 출장이 가장 많던 시기다. 영어 캠프는 짧으면 3박 4일, 길면 3주나 된다. 출장과 겹치면 그나마 적은 수업도 결석하고, 마감일에 맞춰 과제를 내기도 벅찼다. 과제의 완성도는 물 건너간 지 오래.

특별 과정은 우수 학생으로 졸업했는데, 불과 몇 개월 만에 열등생으로 추락한 내 모습에 자존심이 상했다. 하지만 당시 계약직이라서, 자리를 잡으려면 생업에 더 무게 중심을 두어야 했다.

수료를 한 달 남짓 남겨두었을 때, 교수님에게 이메일로 자퇴하겠다고 알렸다. 젊은 번역가인 여자 교수는 얼마 안 남은 과정인데 포기하기는 아까우니, 조금만 더 버티라고 했다. 만약 내가 문학번역에서 승부를 볼 생각이었다면, 눈 딱 감고 그녀의 조언대로 했을지도 모른다.

그렇게 문학번역의 길에선 2년 만에 내려왔다. 그 세계를 조금이라도 맛본 걸로 충분히 공부가 되었고, 행복했다. 창작은 어려우니 차선책으로 번역을 골랐던, 번역을 만만하게 본 자신을 반성했다.

브라더 앤서니에게는 아직도 죄송하다. 해외에서 방문한 저명한 교수와 이름 있는 번역가들이 모인 식사 자리에도 부르고, 다른 학생들 몇 명과 함께 그분의 작업실에도 초대받는 영광(?)을 누렸는데, 너무 소리 소문 없이 사라진 제자가 되어 버렸다. 면목이 없어서 그랬다고 하면, 이해해 주실까.

8장

그들만의 리그

The league of their own

축하받을 권리

유리 천장

너의 의미

눈에 힘!

금도끼, 은도끼

아직도? 아직도!

축하받을 권리

근속 15주년을 불과 두 달 앞두고 퇴사했다. 미리 계획한 건 아니다.

나와 여러 해 한 팀에서 일해 온 직원들은 상당한 충격을 받았다. 3년 전 임금피크제에 들어가면서 스스로 팀장직을 내려놓을 때도, 본부장이 바뀌고 여러 흉흉한 일을 겪으면서도, 항상 '버티자!'라고 외치며 그들을 독려했다. 바닥이 안 보이는 우울과 패배감의 동굴로 추락하지 않도록, 그들을 일으켜 세워왔다. 총대를 메고 사 측에 쓴 소리를 많이 해서 미운 털이 박혔지만, 팀원들에게는 바위 같은 존재라고 자부했다. 그런 내가 그만둔다고 하니, 어쩌면 배신감을 느꼈을 수도 있다.

그들이 퇴사 선물과 진심을 담은 손 편지를 줄 때, 스스로에게 과연 이걸 받을 '자격'이 있는지를 물었다. 지옥 불에서 혼자 살겠다고 도망치는 배신자 같은 기분이랄까.

"부장님, 최소한 근속 15주년은 채우실 줄 알았어요. 안식휴가 가셔야 하는데!"

하반기에 갈 수 있는 안식휴가를 꿈꾸며, 구차한 현실에서 때때로

눈을 돌린 적도 있다.

퇴사 소식을 전하면, 크게 두 가지 반응이 온다.

"축하해! 이제 좀 쉬어."

"이제 뭐 하고 살 거야?"

예상했던 것보다 축하와 축복의 반응이 더 많아서 다행이다. 그래도 '무엇'을 하고 살 거냐는 우려와 궁금증도 많다. 아직 건강하고 100세 시대이니, 당연한 의문이다. 죽을 때까지 일해야만 먹고살 수 있는 세대. 100세 시대는 50대에게 축복이 아니라 암울한 그림자를 드리운다. 우리 부모 세대는 50대에 이미 손주를 보았고, 본인의 부모님은 돌아가신 상태였다. 부동산으로 재미도 보았고, 은퇴 후 삶에 대한 걱정이 없었다. 요즘 50대는 취준생인 자녀와 돌보아야 하는 부모 세대 사이에 끼어서, 정작 본인의 노후 준비는 안 된 경우가 태반이다. 돈이 없는 사람에게 '은퇴'와 '저주'는 동의어처럼 읽히는 세상이다.

퇴사를 하고 자칭 '자유부인'이 되니, 가장 좋은 건 시간의 여유다. 평일을 선호하는 사람들을 만날 때 굳이 반차나 연차를 쓰지 않아도 되고, 퇴근 후 늦게까지 밖에 안 있어도 된다. '경단녀'로 30대 중반에 사회생활을 시작해서 23년 만에 주어진 자유다. 새로운 걸 배우기 좋아하고 다방면에 호기심이 많다 보니, 이런 자유가 꿀보다 달다.

두산아트센터에서 'DO 에디터'를 모집한다는 공고를 인스타그램에서 보았다. 사무실이 예전에 종로5가에 있을 때, 두산아트센터 근처였다. 프로야구도 두산 베어스 팬이다 보니, '두산' 하면 일단 믿음과 정이 간다.

두 에디터에 뽑히고 나니 신세계가 펼쳐졌다. 월요일 저녁에 열리는 인문 극장 강연에는 젊은이들이 좌석을 꽉꽉 채운다. 피곤한 월요일 저녁에 그렇게 두 눈을 반짝이는 MZ 세대를 가까이에서 보니, 아직은 희망이 보인다. 목요일 오전에 하는 아트스쿨 특강에는 나처럼 머리가 희끗희끗한 사람이 많이 몰린다. 강연 내용도 상당히 유익하고 재미있다. 벌써 32차라고 하는데, 이런 정보를 여태 모르고 산 게 억울할 지경이다.

돈이 되는 일은 아니지만, 강연과 연극, 전시 등을 보고 난 후에 블로그와 인스타그램에 리뷰를 올려야 한다. 이렇게 기록을 남기니 생각도 정리되고 의미도 더해진다. 사소하지만 하나의 목적이 생겼다. 목적이 있으니 발걸음에 신명이 난다.

실업급여를 신청하고 구직활동으로 인정되는 '차이 나는 新이력서, 자기소개서 작성법' 특강을 들으러 갔는데, 한 번도 만난 적이 없는 부류의 사람들이 눈에 들어온다. 계속 직장이라는 보호막 안에 있었다면, 절대 직접 부딪힐 일이 없는 사람들…. 아직도 놀랄 일이 남았음에, 오히려 감사하다. 그들을 통해 나의 시야가 다시 한번 넓어진다. 인생을 또 배운다.

집에서 하루 종일 뒹굴며 무료할 틈이 없다. 오히려 조용한 나만의 시간을 일부러 만들어야 할 지경이다. '백수가 과로사한다'라는 말이 실감 난다.

그만큼 일했으니, 퇴사를 즐기고 축하받을 권리는 있지 않을까?

유리 천장

'유리 천장(glass ceiling)'은 여성이 직장 내에서 겪는 눈에는 보이지 않는 벽, 뚫고 올라가기 힘든 편견 등을 일컫는 말이다. 그런데 살다 보니 유리 천장이 직장에만 있지도 않고, 꼭 여자한테만 적용되지도 않는다.

예전에 스페인어를 배울 때, 같은 반에 있는 유일한 남학생이 스페인으로 '워홀(워킹 홀리데이의 준말)'을 가려고 준비 중이었다. 당시 30대 후반으로 접어들던 남자 강사와 50대를 앞두고 있던 나는 거의 동시에, "아, 왜 워홀에 나이 제한이 있는 거야!"라고 탄식했다. 그러면서 이구동성으로, "나이 있는 사람들이 일도 더 열심히 할 텐데 말이죠?" 하고 나이 제한이라는 유리 천장을 개탄했다.

우리나라와 워홀 협정을 맺고 있는 24개국 대부분은 만 18세부터 30세까지만 신청할 수 있게 제한을 두었다. 물론 '청년'에 방점이 찍히고, 그들이 본격적인 사회생활이나 유학 생활을 시작하기 전에 현지 언어를 배우며 일도 하고 여행도 하는 게 워홀의 취지다. 그래도 백세 시대, '취준생' 나이도 점점 높아가는 시대에, 30세는 너무

옹졸하지 않나? 최근에 캐나다만 만 35세로 올렸지만, 그림의 떡이 기는 매한가지.

회사에서 구인 공고를 낼 때, 법적으로는 성별 지정이나 나이 제한을 둘 수 없다. 하지만 예전에 팀장으로 있을 때 직접 이력서를 검토하면서 어쩔 수 없이 나이를 보게 되었다. 팀원들과 잘 융화가 될지, 우리가 필요로 하는 경력이 있는지도 보지만, 나와 비슷한 또래로 딱 봐도 '경단녀'인 사람은 아예 면접에도 안 부르는 일이 다반사였다.

나도 마흔을 갓 넘겼을 때 어학원에서 회사로 이직했는데, 나중에 들으니 나이가 너무 많다며 반대한 사람도 있었다고 한다. 당시는 1년 계약직이었고, 사람이 너무 급하게 필요하니 경력만 보고 '일단 뽑고 나서 보자'였던 것 같다. 그렇게 나이를 안 본 사람들 덕분에 취업했지만, 막상 결정을 하는 자리에 올라가서는 유리 천장을 깨뜨리기는커녕 그 안에 갇혀서 지낸 꼴이다. 그 부분이 늘 마음에 걸렸고, 지금도 반성하고 있다.

이제 직장이라는 안전망을 벗어나 사회라는 정글로 나오니, '나이 제한'이라는 벽이 참 매정해 보인다. 예전에 어른들이 "학교 다닐 때가 좋은 거야. 졸업해 봐라…."라고 말하면 이해가 안 갔다. 물론 나도 나중에 우리 애들에게 그런 잔소리를 몇 번 한 기억이 있다. 마찬가지로 아무리 거지 같아도 회사라는 그늘 아래에서 보호받던 시절, 확실한 소속감을 느끼던 때가 가끔은 그립다. 취준생들이 흔히 동경

하는, 목에 걸고 다니는 사원증이 부러운 게 아니라….

실업급여는 정해진 날짜에 취업 역량 강화 교육이나 이력서 제출, 면접증 등 증빙을 제출해야 하고, 최대 아홉 달만 지급된다. 이제까지 낸 세금을 돌려받는 거라고 당당하게 어깨를 펴고 싶지만, 까다로운 행정 절차 앞에서 작고 초라해진다. 이력서를 내고 싶어도 낼만한 곳이 거의 없다. 공고를 클릭하면, 대부분이 대리에서 차장급을 구한다. 그렇게 낮게 책정된 직급이, 내게는 유리 천장이 된다. 나이나 경력으로 볼 때 그런 자리는 이력서를 내봐야 소용이 없다. 아무리 업무와 분야가 같아도, 금단의 열매나 마찬가지다.

무료 교육도 '청년'을 대상으로 한 게 눈에 더 들어온다. 물론 청년들이 취업하기 어렵고 살기 힘든 세상이다. 하지만 예순 전후의 인재들이 새로운 걸 배우고 도전하기에, 이 세상은 아직도 유리 천장이 높다. '나이'라는 색안경을 낀 차단기가 곳곳에서 그들을 가로막는다. 신중년 일자리, 노후 설계, 세컨드 라이프 같은 단어들이 여기저기서 보이지만, 정작 그들이 다시 사회로 나갈 수 있는 발판이나 무대는 지극히 좁다.

은퇴 후에 돈만큼 필요한 게 목표 의식과 소속감이다. 체력과 능력이 되는 퇴직자들이, 자유롭게 새 경력을 시작하며 제2의 인생을 가꾸는 세상이 올까? 모르고 살던 유리 천장을 새로 발견하는 게 아니라, 하나씩 깨뜨리는 날이 올까?

너의 의미

직장에 다닐 때는 스트레스가 일을 하게 만드는 원동력이었다. 타고난 게으름을 잠시 옆으로 제쳐 두고, 업무에 집중하는 동기를 부여했다. 만약 스트레스가 하나도 없다면, 나는 종일 침대에 누워 OTT나 보며 지낼 사람이다. 하지만 스트레스가 등을 떠밀기 때문에 일어나서 글도 쓰고 운동도 하고 집안일도 한다.

'스트레스 관리와 대처법'이라는 강의를 유료로 신청한 적이 있다. 운 좋게도 수강생이 나 하나여서, 거의 심리 상담하듯이 '맞춤형' 수업을 받았다. 나의 심리상태를 나타내는 카드를 몇 장 고른 후 얘기를 나누니, 대화가 술술 풀렸다. 역시 전혀 모르는 타인 앞에 민낯을 드러내고 솔직해질 때만 느끼는 카타르시스가 있다.

불과 일주일 후에는 한 고용센터에서 무료로 진행하는 '스트레스 관리법'을 들었다. 실업급여를 받기 위한 증빙 중 하나로 선택한 강의였는데, 유료 강의를 들은 지 얼마 안 되어서인지 머리에 쏙쏙 들어왔다. 예전에 회사 집합 교육에서 배웠던 '미스 리의 미소'와 상통하는 '안면 피드백 효과'는 반갑기까지 했다. 광대까지 올려서 웃으면 뇌에서 엔도르핀같이 좋은 호르몬이 생성되고, 따라서 몸도 더 좋아진다고 한다. 행복해서 웃는 게 아니라, 웃어야 행복해진다.

'Don't borrow trouble'이라는 말이 있다. 닥치지 않은 일을 미리 앞당겨서 걱정하면서 스트레스받지 말라는 뜻이다. 하지만 남편은 십 년 후 일도 미리 걱정하는 사람이다. 그가 볼 때 나는 무신경의 극치, 대책 없는 사람이다. 내가 볼 때 그는 쓸데없이 예민하고, 세 치 혀로 들어오는 복도 차버릴 사람이다. 맨날 부정적인 말만 하는데, 옆에서 듣기만 해도 혈압이 오른다. 이런 스트레스는 원동력이나 동기부여가 전혀 안 된다. 그래서 한쪽 귀로 흘리려고 노력한다.

바꿀 수 없는 것은 있는 그대로 받아들이고,
바꿀 수 있는 것은 바꾸는 용기를 주소서.
그 둘의 차이점을 알아보는 지혜도 주소서.

'Serenity Prayer(평온을 비는 기도)'의 일부다. 그 기원은 왈가왈부 되는데, 현재는 AA(알코올 중독자 치료 모임)나 12단계 중독 치료 프로그램에서 자주 쓰인다. 덴젤 워싱턴 주연의 영화 〈더 이퀄라이저 2〉(2018년) 초반에 그가 뒷자리에 태운 승객이 이 기도문을 중얼거리는 장면이 있다. 그가 알코올 중독자임을, 기도문 하나로 표현했다.

스스로 이루거나 바꿀 수 없으면 일찌감치 포기하는 성질은 타고났다. 수영, 자전거, 손재주가 좋아야 하는 일, 다 그렇게 포기하거나 시도조차 하지 않았다. 하지만 가진 능력의 범위 내에서 앞장서거나 총대를 메는 것도 타고난 것 같다. 노조는 못 만들고 퇴사했지만, 직장에서 공개적으로 가장 쓴소리를 많이 한 사람이었다. 상사들이 볼 때 입안의 혀 같은 부하직원의 정반대 편에 서 있는, 눈엣가시 같은 사람이었다. 반면에 직원 복지가 조금이라도 나아지는 데 공헌하는 '총알받이'를 해서인지, 퇴사 후에야 숨어 있는 팬들이 있음을 알게 되었다.

문제는 마지막 구절이다. 그대로 받아들이고 뒤로 물러서느냐, 아니면 앞으로 나가며 밀어붙이느냐, 그 차이를 아는 지혜. 어렵다. 그 차이를 잘 보기 위해서, 오늘도 눈과 귀를 열어둔다. 독서를 하고, 이것저것 배우러 다닌다. 최신 트렌드에 관심을 가지고, 해외 뉴스도 찾아서 본다.

스트레스는 여전히 나를 움직이고, 루틴을 지키게 만든다. 체중계의 숫자가 더 올라가거나 잠을 설치는 스트레스가 죽도록 싫어서 열심히 실내 자전거를 탄다. 예전에 나를 괴롭히던 등과 허리의 담, 그 스트레스를 막으려고 매일 스트레칭을 한다. 덕분에 지난 몇 년 동안은 불청객이 찾아오지 않았다.

스트레스, 너는 그렇게 나에게 의미 있는 존재다.

눈에 힘!

"눈에 힘주세요!"

"눈에 힘!"

스튜디오에서 프로필 사진 촬영을 40여 분 동안 하면서, 가장 많이 들은 말이다. 이력서에 10년 전에 찍은 여권 사진을 계속 두는 것도 민망하고, 새로운 프로필이 필요하기도 해서 큰맘 먹고 간 스튜디오다.

안경을 쓴 데다가 눈이 작아서, 사진작가가 계속 '눈에 힘!'을 외쳤나 보다. 하지만 다만 몇 초라도 눈에 힘을 준 상태로 미소까지 짓기가, 말처럼 쉽지 않다.

중력의 법칙을 거스르는 사람은 없다. 나이가 들면 눈꼬리가 처지고 눈꺼풀도 내려온다. 안검 하수며 눈 밑 지방 재배치며, 조금이라도 더 젊어 보이려고 자신에게 투자하는 세상이다. 더 예뻐지고 더 어려 보이는 데에 남녀 구분이 없어진 지도 오래다. 나도 안 맞는 보톡스를 남편은 벌써 몇 번 맞았으니, 말 다 했다.

만약 보톡스란 게 일생에 딱 한 번만 맞고 그 효과가 평생 간다면,

진작에 맞지 않았을까? 하지만 몇 달에 한 번씩 꾸준히 맞아야 효과가 유지된다는 말에, 바로 포기했다. 나의 게으름과 '귀차니즘'은 미모도 이긴다.

기미 제거 레이저 시술도, 평생 햇빛을 피하고 살지 않는 이상 또 생긴다는 말에 포기. 돈이 아깝다. 어차피 다시 생기는 기미에 왜 돈을 쓰나. 그런 데서만 발동하는 나의 경제관념이 미모를 이긴다.

서른 넘어서 오른쪽에만 생긴 쌍꺼풀. 속쌍꺼풀이 밖으로 나온 지 스무 해도 넘었으니 익숙해질 만도 한데, 아직도 오른쪽 눈꺼풀이 더 무겁게 느껴진다. 좌우 균형을 생각했다면 진작에 왼쪽에 쌍꺼풀 수술을 받았겠지만, 그냥 생긴 대로 살고 있다. 얼굴에 칼 대기를 무서워하는 나의 작은 배포가 미모도 이긴다.

지인이 이른바 '노안 수술'을 했다. 세상이 환하게 보여 좋은 것도 잠시, 거울을 볼 때 얼굴의 잡티가 너무 잘 보여서 싫다고 한다. 바닥에 굴러다니는 머리카락도 너무 잘 보여 짜증이 난다고 한다. 그래서 나이가 들면 눈이 적당히 안 보여야 행복하다.

다들 앞다투어 라식이나 라섹 수술을 받고 안경에서 해방될 때, 나는 요지부동이었다. 레이저도 칼과 같은 부류이니 무섭기는 매한가지. 감히 내 눈에 그런 이물질을 쏘이는 건 상상조차 할 수 없다. 그렇게 나라는 겁보는 미모를 이긴다.

이 세상에는 '셀카' 찍기 좋아하는 사람과 그렇지 않은 사람, 두 부류가 있다. 이제는 식당에서 음식 사진 찍는 것마저 귀찮은데, 굳이 얼굴에 카메라를 들이대는 솔선수범을 할 리가 있나! 사진발이 좋지 않아 더 그렇기도 하다. 그래도 남편과 둘이서 여행 갔을 때 한두 장은 셀카를 찍는다. 그렇게라도 둘이 갔다는 증거를 남기기 위해. 하지만 이제껏 마음에 꼭 드는 셀카는 단 한 장도 없었다.

어쩌면 눈에 힘을 안 주고 찍어서 그랬는지도 모른다. 스튜디오에서 보내 준 사진들을 보니, 눈에 힘을 주고 찍은 컷과 그렇지 않은 컷의 차이가 분명하다. 앞으로 셀카를 찍을 때도 미소만 신경 쓸 게 아니라, '눈에 힘'을 주고 찍어야겠다. 귀찮더라도 중력을 거스르는 노력을 조금씩 해보자. 남는 건 사진밖에 없으니까.

금도끼, 은도끼

'골든 걸스'를 좋아해서 콘서트도 두 번이나 갔다. 왕년에 한가락 하던 디바들, 인순이, 신효범, 박미경, 그리고 이은미가 프로듀서 박진영의 꾀(?)에 넘어가 소위 5세대 걸그룹으로 다시 데뷔하는 과정을 그린 TV 프로그램이자, 그들의 프로젝트 그룹명이다.

왜 '실버'가 아니라 '골든'이었을까? '골드'는 한 시대를 풍미하거나 지배했을 때 수식어로 쓰인다. 황금기, 황금시대, 전성시대를 나타내는 표현에 다 골드가 들어간다. 금은 예나 지금이나 부의 상징이다. IMF 위기 때 많은 국민이 금을 팔아서 나라살림을 도왔고, 결혼이나 돌잔치 등 중요한 날에 금을 따라갈 보석이 없다.

반면에 은퇴자나 노인을 대상으로 한 시장은 '실버산업'이라고 부르고, 흰머리도 영어로는 '그레이 헤어'라고 한다. 재밌는 것은, 부잣집에 태어난 사람을 우리는 '금수저'로 부르는데, 서양에서는 '은수저'라고 한다. 예전에는 결혼할 때 은수저를 몇 벌씩 해 갔다. 많은 사람이 나무 수저로 갈아탄 지금도, 나는 집에서 늘 은수저를 쓴다. 서양에서도 격식 있는 식사 자리에서는 꼭 '실버 웨어(silverware)'

를 쓰는 풍습이 있다. 《레 미제라블》에서 장 발장이 훔친 건 은식기, 그를 용서한 미리엘 주교가 준 건 은촛대였다. 그만큼 '은'은 '금' 못지않게 가치가 높다.

남편은 유전적으로 새치가 일찍부터 생겼고, 염색을 하지 않으면 거의 백발이다. 그래서 두 달마다 염색을 했는데, 허무하게도 일주일 만에 다시 흰머리 천하가 되곤 했다. 머릿결도 나빠지고 투자한 만큼 효과도 없으니, 염색은 그만두고 웨이브 파마를 하라고 권했다. 나이가 들수록 직모보다는 웨이브가 부드러워 보인다. 처음에는 남자가 무슨 파마냐며 반신반의하던 남편도, 다들 멋있다고 하니 좋아한다. 그렇게 2년 정도 염색을 중단했는데, 최근에 염색 샴푸 몇 개를 선물 받았다. 사과의 갈변 현상을 응용해서 만든 샴푸인데, 남편 머리는 불과 일주일 만에 80퍼센트 정도가 회갈색으로 바뀌었다. 믿기지 않을 정도로 놀라웠지만, 나한테는 거의 효과가 없었다.

차라리 남편처럼 새치가 많으면 좋겠다. 예전에 식당에서 가수 패티 김의 머리가 완벽한 실버인 걸 봤다. 아름답게 빛나는 흰머리가, 반할 만큼 멋있었다. 듬성듬성 나면 보기 싫지만 전체가 실버이면 오히려 멋스러우니, 사람의 눈이 간사하다.

여름에 슬리퍼를 새로 사려고 할 때, 크게 고민하지 않고 실버를 선택했다. 시원해 보이고 좋다. 액세서리도 대부분 실버 계열인 걸 보니, 확실히 골드보다는 실버를 좋아하는 모양이다.

만약 동화 속의 산신령이 눈앞에 나타나서, “이 금도끼가 네 금도끼냐, 이 은도끼가 네 은도끼냐?”라고 묻는다면? 나는 한 치의 망설임도 없이 은도끼를 택하겠다. 재산 가치를 따지면 당연히 금도끼를 골라야 하는데…. 이러니 부자가 되기는 글렀다.

아직도? 아직도!

"이사님, 이력서를 PDF로 보내면 어떡합니까? R 지사장은 그런 것도 안 가르치고 뭐 했대요?"

전화기 너머로 그의 짜증이 철철 넘친다. 흠… 지난번에는 워드 파일로 보냈는데, 내가 너무 서두르다가 깜빡했네…. 하지만 이 사람, 말이 너무 심한 거 아냐? 사람이 실수할 수도 있지! 학교 다닐 때나 시부모님께도 못 들어본 말, "너네 부모는 뭘 가르친 거냐?"도 아니고, 나를 스카우트한 지사장에게 애꿎은 화살이 돌아갈 줄이야.

평소 성질 같으면, 아니 예전에는 발끈했겠지만, 이제는 짐짓 여유를 가지며 생각한다. 상대방의 화법이 미숙하구나, 말 한마디로 천 냥 빚도 갚는다는데 오히려 본인의 그릇이 조막만 하다고 광고를 하는구나. 굳이 불필요한 말로 상대방, 아니 그 상사까지 깎아내리다니….

가만, 나 지금 '갑질'당한 거야? 후보자를 찾아서 추천하는 내가 '갑'이고, 이력서를 고객사에 전달하는 그는 '을'인데…. 거꾸로 갑질을 당했네, 당했어!

뭘 해도 안 되는 '머피의 법칙'이 발동한 날인가. 내가 취직시키려고 애쓴 한 후보자는 대뜸, "이사님, 이 일 시작하신 지 얼마나 되셨어요?"라고 묻는다. 그의 말투에 짜증이 덕지덕지 묻어난다.

아니, 링크드인에 올린 내 프로필도 안 봤나? 헤드헌터 일을 불과 두 달 전에 시작했다고 거기 정직하게 나와 있는데, 나를 그렇게 못 믿으면서 왜 이력서를 보낸 거야? 통화 내내 사과를 몇 번이나 했는지 셀 수도 없다. 생애 최고 기록일 듯.

하지만 상대방은 성에 안 차는 듯하다. 계속 감정이 고조되더니 급기야 전화를 툭 끊어 버린다. 이쯤 되면 분노조절장애 아닌가? 이렇게 모락모락 올라오는 생각의 방향을, 짐짓 어른스럽게 바꾸어 본다. 구직 기간이 길어지니 신경이 날카로울 거야, 그런데 때마침 화풀이할 대상이 눈앞에서 실수까지 해준 거지.

가만, 나 방금 갑질당한 거야? 맞네, 갑질이네.

낼모레 육십인데, 이런 수모(?)까지 당하면서 새로운 일을 시작할 필요가 있을까? 누군가는 '굳이?'라고 할 수도 있다. 하지 말라는 사항과 금기가 더 많은 까다로운 업무에도 불구하고, 나는 새출발을 선택했다.

새로운 걸 배울 때만 누리는 행복감, 이 나이에도 계속 성장할 수 있다는 기쁨은, 한 자리에 가만히 있으면 오지 않는다. 아직도 혼날 일이 남아 있고, 실수를 통해 배우고 발전한다면, 오히려 감사하지 않은가! 직장이 필요한 사람에게는 일자리를, 인재가 필요한 회사에는 적합한 후보자를 찾아 주면, 두루두루 좋은 일 아닌가? 그러니 이깟 갑질쯤이야!

마흔을 갓 넘기고 입사한 회사에서 고객사의 새파랗게 젊은 직원에게 전화로 갑질을 당하면서 나도 모르게 또르르 흘렸던 눈물을, 아직도 기억하고 있다. 멀리 3주 이상 가 있던 출장지에서 갑질을 당하고 너무 서러워서, 당시 한집에 살던 홀시아버지와 통화하며 대성통곡까지 했던 철부지는 온데간데없다.

안식년(?)을 1년으로 마감하고 처음으로 당한 연타석 갑질에도, 너무나 멀쩡해서 오히려 이상하다. 이것도 갱년기의 역효과, 아니 긍정적인 효과일까? 최근에 한 동료가 후보자 이력서를 PDF 파일로 보냈다. 나는 그에게 아무런 타박이나 지적질을 하지 않고 넘어갔다. 그도 이 일을 시작한 지 얼마 안 되었다고 들었다. 의리가 있지, 감히 그에게 갑질을 할 수는 없었다.

옛날 같으면 갑질을 한 직장 동료와 후보자를 투명 인간 취급하고 다시는 말도 안 섞겠지만, 이제는 오히려 그 반대로 가려고 한다. 겉만 보고, 실수 하나로 나를 '초짜'라는 멍석에 가두고 매타작을 한 그들에게 증명하고 싶다. 나는 그 정도에는 타격을 입지 않고, 오히려 강해진다고.

40대에 비하면, 정말 얼굴 많이 두꺼워졌다.

9장

낭만 시대

My Past Lives

나의 〈패스트 라이브즈〉

미안해

삼총사

응답하라, 1981 - 크로키북을 든 그녀

응답하라, 1981 - 꽃을 준 남자

나의 〈패스트 라이브즈〉

영화 〈패스트 라이브즈〉(2024년)는 감독 셀린 송의 자전적인 이야기에서 시작한다. 초등학교 6학년 때 캐나다로 이민 간 여학생과 한국에 계속 살던 남학생의 인연을 다룬다.

이 영화 역시 혼자 보러 갔는데, 나의 첫사랑도 아닌 풋사랑 이야기와 비슷해 보여서였다. 나만의 공간에서 조용히 혼자 공감하고 싶었다.

초6 봄, 강북에서 강남으로 이사를 갔다. 당시 강남행이 일종의 러시를 이루었다. 초등학교를 세 군데 다녔는데, 쌍문초등학교를 가장 오래 다녔고 정도 많이 들었다. 그래서 더욱 떠나기가 싫었다.

드라마 〈응답하라 1988〉이 쌍문동을 배경으로 하기 때문에 다른 응답 시리즈와는 달리 열심히 챙겨 보았다. 논밭을 가로질러 학교까지 걸어 다녔는데, 여름이면 동네에 우거진 아카시아 나무의 꽃잎에서 꿀을 빨아 먹고, 겨울이면 논을 얼린 얼음 위에서 스케이트를 타며 떡볶이와 어묵을 먹었다. 우리 집 앞 공터는 온 동네 아이들이 맨날 모이는 놀이터였다. 방과 후 학원이나 과외가 없던 시절, 우리는 저녁 먹으라고 부르는 엄마 목소리가 들리기 전까지 원 없이 뛰어놀았다. 쌍문동은 내게 마음의 고향이다.

당시 6학년 담임은 젊은 남자 선생님이었는데, 나를 유독 아끼셨다. 전학 가는 날 그분이 주신 〈그리스 로마 신화〉 책을 잊을 수가 없다. 그리스 로마 신화가 무엇인지도 모르는 아이에게 그런 책을 선물한 걸 보면, 선생님이 나를 꿰뚫어 보고 계셨나 보다. 어쩌면 그 선생님 덕분에 내가 헤세를 거쳐 니체와 쇼펜하우어를 읽었는지도 모르겠다.

나를 보내기 싫어한 사람은 담임뿐만이 아니었다. H라는 남학생도 마치 지구가 멸망이라도 할 것처럼 슬퍼했다. 당시 초등학생들 사이에는 '커플'이라는 개념도 없었고, '사귄다'는 발상 자체가 없었다. 그냥 좋아하는 사이, 혹은 누구를 속으로 좋아한다, 정도였다.

H는 굵은 곱슬머리가 풍성했다. 운동선수처럼 덩치도 있고, 안경은 썼지만 공붓벌레로는 보이지 않는 인상이었다. 몇 번 같은 반이 되면서 미운 정 고운 정이 쌓인 사이였다.

그런데 H는 내가 전학 갈 무렵 노골적인 애정공세(?)를 펼쳤고, 강남의 우리 아파트로 찾아오기까지 했다. 요즘 같으면 스토킹으로 오해받으려나? 남동생들이 그의 방문에 놀라면서도, 나중에 나를 엄청 놀렸던 기억이 난다.

그를 좋아했지만, 내 마음의 크기가 H보다는 작았나 보다. 막상 고백을 듣고 나니 뒷걸음이 쳐졌다. 집이 멀고 곧 중학교에 간다는 모든 상황이, 우리가 '커플'이 되지 못하게 막는 것 같았다.

그렇게 우물쭈물 시간이 흘러 중학생이 되었다. 어느 날 집으로 배달된 신문의 작은 기사 하나가 눈길을 붙잡았다. 중앙 일간지 기자였던 그의 아버지가 대통령의 외국 순방에 동행했다가 불의의 사고로 사망했다는 내용이었다. 충격을 받은 뇌가 몇 분 동안 작동을 멈춘 것만 같았다.

그가 얼마나 놀라고 슬플지 상상조차 되지 않았다. 자주 보았던 그의 어머니와 남동생도 떠올랐고, 어떻게 위로를 전할지 알 길이 없었다. 편지를 쓸지, 전화를 할지조차 분간할 수 없었다. 부친상을 당한 친구에게 조의를 표하기에는, 나는 아직 너무 어렸다.

그를 제때 위로하지 못한 마음의 빚은 오늘날까지도 나를 무겁게 짓누른다. 집 전화를 그의 엄마가 받을까 봐 미리 걱정하고, 전화도 못 한 소심함을 탓한다. 혹시나 편지에 답장이 안 오면 어쩌나, 두려웠던 마음을 탓한다. 그에게 하고 싶은 말은 산더미인데, 자리 잡고 앉아서 쓰지 않은 게으름을 탓한다.

영화에서는 이민 가기 전 한국에서의 삶을 전생에 비유했다. 내게는 쌍문동에서의 삶이 전생과 가장 근접한 것 같다. '패스트 라이프'에 맺은 인연이 계속 이어지지 않고 끊어졌다. 감정이든 관계든 마무리가 안 된 일은 계속 마음에 남는다.

'아이 러브 스쿨'로 동창생 찾기 열풍이 한창일 때에도, 쌍문 졸업생이 아니어서 그를 찾을 수가 없었다.

만약 이제라도 그를 우연히 만난다면, 그때 못 한 위로를 제대로 전할 수 있을까.

미안해

시카고의 〈Hard to say I'm sorry(미안하다고 말하기가 힘들어)〉는 1982년 히트곡이다. 24년에 '포르테나'가 리메이크하면서, 네 명의 테너가 빚어내는 환상적인 화음으로 재탄생했다. 크로스오버 그룹 포르테나의 버전도 사랑하지 않을 수가 없지만, 이 노래와의 추억은 중학교 시절로 거슬러 올라간다.

당시 라디오를 즐겨 듣고, 신청곡 엽서도 자주 보내던 사춘기 소녀였다. 전영록이 DJ인 라디오 프로그램에서 엽서가 두어 번 소개되기도 했는데, 가장 압권은 82년 '황인용의 영 팝스'였다.

비 오는 평일 저녁, 집 전화기에선 낯선 남자의 음성이 들렸다.

"곽지원 학생인가요?"

"네… 맞는데요. 누구시죠?"

"아, 저는 '황인용의 영팝스' PD예요."

장난 전화인 줄 알았다. 즐겨 듣는 라디오 프로그램 PD가 왜 내게 전화한단 말인가.

"네?"

"우리 프로그램에 엽서 보내셨죠? 시카고의 〈Hard to say I'm

sorry〉 신청하셨고요?"

터져 나오려는 비명을 꾹꾹 눌러 담으며, 차분히 대답했다.

"아… 네, 보냈어요."

"사연이 좋아서 오늘 황인용 DJ와 전화 연결하려고요. 괜찮으시겠어요?"

요즘 말로 OMG(Oh, my GOD의 준말: '맙소사')가 저절로 나오는 순간이었다. 눈앞이 하얗게 되며 정신 줄을 놓았다. 무엇부터 해야 할지 분간도 안 되었다.

이런 일을 매일 겪을 프로듀서 아저씨의 차분한 안내에 따라 수화기를 내려놓고 라디오에 집중했다. 나와 황인용 아저씨의 통화 내용을 녹음하기 위해 빈 카세트테이프도 준비해 놓았다.

비 오는 날을 그때도 싫어했는데, 이런 행운이 오다니! 통화가 끝난 후에도 믿기지가 않았다. 테이프가 닳도록 녹음본을 듣고 또 들었다. 스피커에서 흘러나오는 여자아이의 목소리가 무척 낯설게 들렸다.

다음 날 아침 조회도 하기 전에 교단에 올라가서 테이프까지 틀며 자랑을 해대었다. 떠드느라 정신없는 중3 여자아이들이 제대로 듣기나 했을까? 그래도 나는 극구 그걸 다 틀고서야 교단에서 내려왔다.

이 노래는 가사도 좋지만, 제목 자체가 많은 의미를 내포한다. 때로는 노래를 굳이 안 들어도 제목만으로도 마음이 울리고, 충분히 좋을 때가 있다.

부부 사이, 부모 자식 간에도 "미안해"를 누가 먼저 말하느냐에 따라 관계가 많이 달라진다. 젊을 때는 무조건 나는 잘못이 없다는 착각에 사로잡혀 "미안해"를 내뱉으면 세상이 무너지는 줄 알았다. 무식한 고집이고 자존심이었다. 하지만 이제는 "미안해"를 쑥쑥 잘도 내뱉는다. 처음이 어렵지, 익숙해지면 쉬운 말이 "미안해"이다.

회사에 다닐 때, 우리 팀 직원들에게 자주 하던 말이 있다.

"때로는 미안하다는 말이 가장 쉬워요. 미안하다고 하면 그 자리에서 일이 마무리되거든요. 하지만 미안하다고 말할 기회를 놓치면, 뒤끝이 남더라고요."

나 역시 더럽고 치사하고 그다지 잘못한 게 없을지라도, 먼저 "미안하다"라고 말한 적이 몇 번 있다. 그러면 오히려 상대가 놀라면서 더 미안해한다. "미안해"의 힘이다. 미안하다는 말이 하기 힘든 만큼, 입 밖으로 나왔을 때의 파워도 크다.

삼총사

미루나무가 서로 높은 키를 자랑하며 빽빽하게 서 있던 언덕이 아직도 눈에 선하다. 나의 초등학교 시절 여름과 겨울을 책임졌던 수녀원의 뒷동산. '피정'이라는 이름으로 학생들을 모집했지만 사실은 '캠프'에 가까웠고, 가톨릭 신학대학에 재직 중인 미래의 사제들도 교사로 참여해서 더 특이했다.

'해바라기 피정'을 빼놓고 나의 초등 시절을 얘기할 수가 없는데, 특히 우리 '삼총사'의 탄생지여서 더 애틋하다. 나와 J는 먼저 쌍문동 동네 친구이자 학교 친구, 그리고 무엇보다도 성당 주일학교 친구로 맨날 붙어 다녔다. 그래서 피정도 방학 때마다 같이 갔다.

4학년 피정에 처음 나타난 S는 강남의 초등학교에 다녔는데, 우리 셋은 누가 먼저랄 것 없이 자연스럽게 삼총사로 뭉쳤다. 초빙 강사로 왔던 뽀빠이 이상용 아저씨가 우리 셋을 초대해서 같이 방송국 견학도 갔다.

"우리가 똘똘한 걸 뽀빠이 아저씨도 한눈에 알아보고 방송국에 데리고 간 거지."

셋이 오랜만에 만나서 옛날 추억을 돌아볼 때, 미국에서 온 S가 한 말이다. 이런 '자뻑' 증상도 비슷했으니 삼총사가 되지 않았을까?

해바라기 피정은 초등생들의 갖가지 장난으로 웃음이 그칠 날이 없었는데, 그중 압권은 한밤중에 다른 방 친구들의 얼굴에 낙서하기였다. 그 장난을 완수하려면 잠을 안 자고 버티는 희생(?)이 필요했다. "자니?", "아니, 너도 자지 마.", "자면 안 돼." 이런 격려(?)의 말을 잠꼬대처럼 옹알거리며, 무거워지는 눈꺼풀과 힘겹게 싸웠다. 거기서 지면, 우리 얼굴에 낙서가 그려져 있었다.

6학년 때 J와 나는 강남으로 이사했고, S와 나는 같은 중학교로 배정받았다. 그녀가 프랑스로 전근 가는 아빠를 따라갈 때까지, 우리 셋은 강남 바닥을 누비며(?) 뭉쳐 다녔다. 프랑스와 한국 사이에 열심히 손 편지가 오갔고, 방학 때는 S의 집에서 놀다가 한 침대에 구겨져서 자기도 했다. 인터넷이나 핸드폰이 없던 시대에 그렇게 우정을 유지한 게 참 기특하다.

몇 년 후 우리 셋은 모두 신촌에 있는 대학으로 진학했는데, 그 4년은 우리의 전성기나 다름없었다. 하루가 멀다 하고 만났고, 가끔은 수업을 빼먹고도 만났다. 한번은 내가 옆 학교 S의 수업에 들어가 '대출'을 하기도 했다. 그녀의 과 동기들은 우리의 우정(?)에 감탄하며 부러워했다.

1학년 때 필수 체육이 수영과 테니스였다. 우리 과 학생이 50명이나 돼서 출석 체크가 허술했는데, 문제는 시험이었다. 물을 무서워해서 지금도 수영을 못 하는데, 수업 시간에 수영을 가르쳐주지는 않고 이미 다 할 줄 아는 걸로 치부하는 커리큘럼이라 '멘붕'이 왔다. 만약 J가 나 대신 기꺼이 수영 시험을 치지 않았다면 어떻게 학점을 받았을지, 아찔하다. J는 거의 생명의 은인이다.

4학년 때는 처음으로 셋이서 여행을 갔다. 설악산에 있는 콘도에 머물면서, 모 의대생 세 명과 당시 유행하던 '방팅'도 했다. 서울로 돌아오기 전날 밤, 친구들이 심심하다며 고스톱을 치자고 했다. 하지만 나는 집에서 아무도 화투를 치지 않아서 어떻게 하는지 몰랐다. "나 화투 못 치는데?" 이 한마디가 떨어지자마자, 친구들이 동시에 나를 구박했다.

"고스톱은 셋이 쳐야 하는데, 너 땜에 못 치잖아!"

"여태 화투도 안 배우고 뭐 했어?"

몇 년 전 셋이서 만났을 때 이 에피소드를 꺼내니, 친구들은 금시초문이라는 표정이었다. 사람의 기억은 참으로 주관적이다.

그런 구박에도 아랑곳하지 않는 사이, 미국과 한국에 떨어져 지내도 다시 만나면 어제 만난 것 같은 사이, 우리는 삼총사다.

응답하라, 1981 - 크로키북을 든 그녀

중학교 때 단골 소풍 장소는 선정릉이었다. 그때는 '왜 맨날 여기야?' 하고 불평불만이 많았는데, 선정릉이 얼마나 근사한 공원인지 전혀 모르던 철부지였다.

어른이 된 후 가끔 선정릉을 갈 때마다 떠오르는 얼굴이 있다. 바람결에 찰랑이는 칼단발에 반쯤 가린, 우수가 깃든 얼굴과 가녀린 몸을 나무에 기대고 작은 크로키북에 뭔가를 열심히 그리던 선생님. 우리 중2 소녀들보다 불과 10살이나 많았을까? 대학을 갓 졸업하고 부임한 담임 선생님의 모습이다.

남자 선생님이 같은 넥타이를 연 이틀만 매고 와도 뒷담화를 하던 예민한 소녀들 눈에, 우리 담임의 '꾸안꾸' 패션은 늘 화제였다. 매일 바뀌는 찰랑찰랑 스커트에 블라우스 차림은, 검은색 교복 안에 갇힌 사춘기 소녀에게는 참 아름다워 보였고, 부러웠다.

불과 2년 후에는 우리도 사복을 입고 고등학교를 다니게 될 줄 상상도 못한 채….

그런 그녀가 소풍날 청바지에 티셔츠를 입고 크로키북을 들고 나타났을 때, 많은 소녀 팬들이 탄성을 질렀다. 그녀가 그림을 그린다는 것도, 의외로 청바지가 잘 어울리는 것도, 모두 멋있어 보였다.

막내가 2학년 때 전학 간 중학교의 홈페이지에서 그 선생님의 이름을 발견했을 때, 목덜미의 잔털이 일제히 일어섰다. 흔하지 않은 이름에 같은 국어과. 틀림없었다.

이 무심한 제자는 졸업 이후 학교나 담임 선생님을 한 번도 찾아간 적이 없다. 너무 오랜 세월이 흘렀다. 그렇게 마주한 선생님의 이름을 보고, 얼마나 망설였을까. 81년에 S중학교에 계셨던 김○○ 선생님 아니시냐고, 짧게 사연을 남겼다. 나중에 들으니, 홈페이지를 담당하는 교사가 내가 쓴 글을 보고 한밤중에 선생님에게 연락을 했다고 한다.

"선생님! 옛날 제자가 학부모가 돼서 나타났어요!"

오랜 세월이 흘렀지만, 선생님은 여전히 아름다웠다. 깡마른 체형에 쌍꺼풀이 또렷한 눈매와 두툼한 입술, 그리고 각진 턱이 묘한 분위기를 풍기던 그녀. '같이 늙어가는 처지'라는 말이 확 와닿으며, 아름답게 나이 들어가는 선생님이 자랑스러웠다.

우리의 사제 관계는 단박에 화제가 되었다. 물론 전학생인 딸아이는 뜻밖의 관심을 달가워하지 않았지만…. 스승의 날에는 선생님께 꽃다발을 보내 드리며, 뒤늦은 감사의 마음을 전했다.

"지원아, 너 그때 그 남자애 기억하니?"

선생님이 조심스럽게 물어보셨다. 이름은 안 나왔지만, 나는 금세 알아들었다. 그 남자애의 담임이 지금은 강남의 한 고등학교 교장이라는 얘기를 한 직후였다.

"아… 그럼요, 어떻게 잊겠어요."

나는 민망함을 감추기 위해 작게 웃었다.

"나도 초보 교사라서 처음에는 참 당황했지. 돌이켜 보면, 그때 일로 내가 많이 단련된 거 같아."

"하하하, 그렇게 좋게 기억해 주시니 다행이에요."

"혹시… 다시 만난 적 있어?"

정직하게 답해야 할지, 아니면 순간을 빨리 모면하기 위해 하얀 거짓말을 해야 할지 망설였다. '진실게임'에서 '진실'을 말하기 싫을 때, 차라리 술 마시는 쪽을 택하는 사람의 심리가 이해되는 순간이었다.

나의 중학교 2학년 시절을 말할 때 담임 선생님과 함께 빼놓을 수 없는 기억, '꽃을 준 남자'.

응답하라, 1981.

응답하라, 1981 - 꽃을 준 남자

맞은편에 앉은 친구 남편의 시선이 내 등 뒤로 향했다. 음식은 다 나온 거 같은데, 뭐지? 고개를 돌리려는 순간, 우리 테이블 옆으로 불쑥 다가온 한 남자.

"햐~, 여기서 이렇게 만나네."

그의 시선이 내 얼굴이 와서 꽂힌다. 유난히 옅은 갈색 눈동자. 날카로운 턱선은 사라졌지만, 그 눈동자만큼은 변함이 없다. 그 순간 팔에 소름이 돋지 않았다면, 거짓말이다.

"나 모르겠어? 난 바로 알아봤는데."

어리둥절해하는 친구 S 부부와 그 집 아이들, 그리고 나의 큰딸까지, 모두의 눈길이 우리 둘 사이를 바쁘게 오갔다. 시간이 멈춘 것 같지만, 어색한 침묵은 불과 몇 초밖에 안 흘렀을 터.

"설마… CH…?"

중학교를 졸업한 지 수십 년 만에 태평양 건너 레돈도 비치(Redondo Beach)에 있는 유명한 한국 횟집에서, 그와 그렇게 조우했다. 한국으로 돌아가기 하루 전날이라 진수성찬을 대접받고 귀가했지만, 바로 잠자리에 들 수가 없었다. 무슨 사연인지 빨리 털어

놓으라는 S의 성화에 마주 앉았는데, 미국 집의 어두운 거실 조명이 그리 고마울 줄이야….

내가 다닌 중학교는 남녀공학이었다. 80년대 초만 해도, 무늬와 이름만 공학이지 뼛속까지 '남녀칠세부동석'이었다. 남학생과 여학생은 건물도 달랐고, 교무실이 그 중간에 있었다. 남녀가 서로 얼굴을 보거나 말을 섞을 수 있는 기회는 일주일에 딱 한 번, 서클 활동을 할 때였다.

그 서클마저 나와 달랐던 CH는 어디서 나를 보았는지, 어느 날 갑자기 쫓아다니며 사귀자고 조르기 시작했다. 그 집착이 어느 정도였냐 하면, 자기 담임에게 고민 상담을 해서 그 얘기가 우리 담임 선생님에게 전달되었고, 결국은 엄마까지 학교로 불려 왔다.

졸업 후 처음 재회한 담임 선생님이 초보 교사로서 겪은 일이다. 당시 선생님 앞에서도 이 모든 상황이 너무나 부끄럽고 수치스러워, 고개를 못 들었던 나.

내가 좋다고 하면 우리는 공식 커플이 될 수도 있었다. 하지만 나는 짝사랑하는 오빠가 있었고, CH의 이국적인 갈색 눈동자도 싫었다. 그 눈으로 나를 바라보는 것조차 소름이 끼쳤다. 하지만 그는 '포기'라는 단어를 모르는 아이였다. 장미꽃을 주고 가지를 않나, 일요일에는 성당까지 따라와서 중등부 주일학교는 물론이고 미사까지 참석했다.

그가 주고 간 장미꽃 한 송이 덕분에, 고등학교에 가서도 '꽃을 받은 여자애'라는 꼬리표가 붙어 다녔다. 사귄 사이도 아닌데 그런 소문이 따라다니는 게 수치스러웠다. CH는 '나를 짝사랑한 남자애'라기보다는, '참 조숙했던 스토커' 정도로 기억에 남아 있었다.

스무 해가 넘게 지나 타국의 식당에서 다른 테이블에 앉아 있는 내 얼굴을 단박에 알아볼 정도이니, 무슨 말이 더 필요하랴. 아, 고백하자면 캘리포니아가 처음은 아니다. 고등학교에 올라간 후, 해외로 유학 가는 형에게 책을 선물하고 싶다며, 함께 서점에 가자는 전화가 왔다. 그의 '스토킹'에서 벗어난 다음이라 경계심이 사라졌던 걸까? 아무튼 우리는 주말에 광화문에서 만나서 책도 고르고 밀크셰이크도 먹었다. 그게 데이트였을까?

담임 선생님과의 재회로 다시 추억하는, 나에게 처음으로 꽃을 준 남자. 사춘기 소녀에게는 불쾌한 소문을 퍼뜨린 '진상'이었지만, 낼모레 육십인 갱년기 여자에게는 소중한 기억이다.

응답하라, 1981.

10장

뚝딱거려도 괜찮아

Beginner's Luck

한가을 낮의 꿈

7년의 그리움

작은 게 좋을 나이

뚝딱거려도 괜찮아

한가을 낮의 꿈

2024 파리 올림픽 개막식은 센강과 에펠탑을 중심으로 영화처럼 펼쳐졌다. 나의 첫 파리, 채 24시간도 안 머물렀던 파리의 추억이 새록새록 솟아났다.

코로나19가 세상을 덮치기 불과 4개월 전 가을, 나의 첫 유럽행은 패키지도 아니고 자유여행도 아닌, 출장이었다. 독일 프랑크푸르트 국제 도서전에 부스를 오픈하고 한국어 온라인 과정을 홍보했다. 일반인에게도 개방되어 학생들이 많이 방문하는 금요일의 도서전은, 출장 온 사람들에게는 오히려 휴식의 시작이다. 계획한 모든 미팅이 끝났고, 이제 짐을 싸고 부스를 비울 일만 남았기 때문이다.

한국에서 출장을 준비하는 동안 가장 설렜던 일은, 금요일 오후에 파리로 떠나는 기차 여행이었다. 일요일에 한국행 비행기를 타기 전에 주어진 딱 하루의 자유시간. 다른 직원들은 당일치기로 가까운 관광지를 간다고 했고, 나는 마침 미국에서 파리를 방문 중인 친구 S를 만나기로 했다.

중학교 때 아빠의 지사 파견으로 몇 년간 학교를 다니고 나중에는 통번역 공부를 위해 파리에 살았던 S는, 당연히 불어에 능통했다. 그녀 역시 십 년 만에 간다는 파리, 나도 마침 독일로 출장. 그렇게 미국과 한국에서 출발한 우리 둘의 도킹이, 머나먼 프랑스에서 이루어졌다.

한 번도 안 가본 유럽에서, 불과 24시간도 안 되는 일정으로 프랑크푸르트와 파리를 오가는 계획은 모두를 놀라게 했다. 그 무모한 용기를 칭찬하는 사람도 있었지만, 혼자 한밤중에 낯선 도시에 도착하는데 무섭지 않느냐는 사람도 있었다.

모바일로 기차표를 예매하기부터 척척 해내기가 쉽지 않았다. 독일에서 몇 년 살았던, 여행사 다니는 후배에게 온갖 질문을 퍼부은 끝에, 겨우 왕복 티켓을 예매했다. 호텔 바로 앞에 있는 중앙역에서 파리 동부역행 기차를 탔을 때, 얼마나 놀랐던지. 4명이 오손도손 마주보고 앉는 구조가 아닌가! 아니 패밀리석이라는 말이 없었는데, 이게 무슨 상황이지? 하지만 딱히 누구를 원망할 수도 없고, 일단 앉았다. 마주 보는 자리의 주인은 몇 정거장 후에 나타났다. 양 갈래로 머리를 땋은, 10대 후반으로 보이는 소녀였다. 그녀는 털실과 나무 바늘을 가방에서 꺼내더니, 중간에 내릴 때까지 뜨개질에 여념이 없었다. 책도 아니고 핸드폰도 아니고 무려 뜨개질이라니! 무척 생소한 그 풍경을, 마치 그림 감상하듯이 힐끗힐끗 훔쳐보았다.

그렇게 5시간 이상 달려 밤 11시 넘어서 도착한 파리. S와는 카톡으로만 연락이 되는 상황이었다. 인적이 드물고 스산하리만치 조용한 플랫폼에 내리면서, 살짝 겁이 났다. 대체 무슨 짓을 한 거지? 만에 하나 친구가 안 보이고 연락도 안 되면 어떻게 해야 하나, 별의별 걱정을 하며 출구를 향해 걸어가는데, 저 멀리서 S가 손을 흔들며 다가왔다. 마치 이산가족을 만난 것처럼 반가웠다.

S와 택시 기사가 유창한 불어로 대화를 나누는 사이, 그녀가 머무는 아파트 앞에 도착했다. 낯선 사람과는 도저히 같이 못 탈 것 같은, 비좁은 엘리베이터를 타고 올라갔다. 그 아파트에서 가장 흥미로운 시설은 천장에 매달려 있는 침대였다. 공간 활용을 위해 낮에는 올려놓고, 잘 때만 아래로 내리는 시스템이었다. 며칠 전에 먼저 도착한 친구가 혼자서 그걸 어떻게 내렸는지 의문일 정도로, 무게가 상당했다. 둘이서 낑낑대며 침대를 내릴 때 자꾸 웃음이 터졌다. 그렇게 배가 아플 만큼 웃은 건 수십 년 만이었다.

누워서 수다를 떨다가 스르르 잠이 들었고, 다음 날 아침 가방을 메고 밖으로 나섰다. 아파트와 정말 가까운 개선문을 배경으로 사진을 찍고, 샹젤리제 거리까지 걸어갔다. 가는 동안에 S는 계속, "네가 백팩을 가져와서 조심해야 해. 소매치기 진짜 많아.", "야야, 쟤들 딱 봐도 소매치기야. 빨리 걸어가자."라고 주의를 주었다. 중요한 소지품은 크로스 백에 넣어서 앞으로 메었다고 말해도, 그녀는 막무가내로 계속 잔소리를 쏟아부었다. 그 말 때문에 정신이 사나워서 주변 풍경이 눈에 잘 들어오지 않을 지경이었다.

그런데 샹젤리제 거리에 도착하기도 전에 경찰이 출동하는 어수선한 장면을 목격했다. 어떤 커플이 소매치기당했다고 신고를 한 모양이었다. 토요일 이른 아침부터, 소매치기들도 참 부지런하다고 느꼈다.

유서 깊은 카페 조르주 생크에서 격식을 갖춘 복장을 한 지긋한 나이의 웨이터가 서빙한 커피를 마시며, 비 내리는 거리를 감상했다.

"야, 한국 몇 시니? J한테 전화해서 약 올리자."

S의 제안에 핸드폰을 꺼냈다. '삼총사'가 된 지 40여 년이 지났지만, 우리는 여전히 짱구 같은 구석이 있다. 언젠가는 삼총사가 다시 뭉쳐 여행할 날을 꿈꾸며, J와의 영상 통화를 마쳤다.

S는 파리에 왔으니 오르세 미술관은 무조건 보고 가야 한다며 지하철을 타자고 했다. 오르세 미술관이 센강 바로 옆에 있다는 걸, 그날 처음 알았다. 친구만 믿고 사전 공부나 조사 없이 무조건 달려온 여행길. "날씨가 좋으면 유람선을 탔을 텐데…." 하고 S가 아쉬워했다. 비가 오락가락하는 날씨. 여행은 날씨가 반이라는데 이번 여행 운은 여기까지인가….

오르세 미술관에서는 셀 수 없을 만큼 많은 명화들을 보았지만, 가장 기억에 남는 건 한국인 단체 관광객의 횡포였다. 유명한 그림 앞은 어김없이 그들이 점령하고, 가이드가 한국어로 설명하는 소리가 여기저기서 울려 퍼졌다. 다른 여행객들은 그림 사진을 찍기는커녕 감상조차 제대로 할 수 없었다. 마침 외국인들이 배우는 한국어 과정을 가지고 출장을 왔기에, 그 소리가 더욱 거슬렸다. 그들이 한국어로 떠들며 다른 관람객을 방해하는 소리가 커질수록, 내 입은 굳게 닫혔다.

그래도 오르세의 상징 같은 커다란 시계의 뒷면을 배경으로 친구와 찍은 사진을 보면, 그날의 흐린 날씨와 오묘한 분위기가 생각난다. 그 시계가 나오는 영화나 사진을 보면, 어느덧 한가을 낮의 꿈같던 그날로 돌아가 있다.

미술관 근처에서 점심을 먹고, 에펠탑을 배경으로 사진 찍기 좋은 트로카데로 광장으로 또 지하철을 타고 이동했다. 어디가 어디인지 모르는 채, S가 가는 대로 무조건 따라다닌 여행. 이번 올림픽 개막식을 보니, 바로 우리가 사진을 찍었던 광장이 아닌가! 그때는 잡상인과 관광객이 너무 많고 정신이 없어서, 소매치기를 조심하라는 친구의 잔소리밖에는 기억이 안 난다. 웅장한 개막식이 열리는 광장과 화려한 조명을 뽐내는 에펠탑을 화면으로 보니, 내가 갔던 데가 맞나, 팔을 꼬집고 싶다. 당시 제대로 즐기지 못하고 소매치기 걱정에 전전긍긍한 게 코미디 같다.

시간이 부족해서 루브르 박물관은 밖에서 유리 피라미드만 구경하고, 그걸 내가 손가락으로 들어 올리는 설정 샷만 찍었다. 정말 번갯불에 콩 구워 먹듯이 점만 찍은 코스였다. 그래도 공원을 거닐고, 형형색색 우산으로 장식한 분수대에 놓인 의자에 앉아서 수다를 떨고, 그렇게 가을의 오후 햇살을 즐겼다. 애초에 S가 마침 파리에 와 있지 않았다면 꿈도 못 꾸었을 여행. 친구와 함께 몇 년 만에 그런 시간을 보내는 걸로 충분했다.

그런데 콩코르드 광장에서 오벨리스크와 분수를 구경하던 중 어떤 백인 남자가 뒤에서 우리를 불러 세우며 쫓아왔다. 친구는 내 팔을 꽉 잡으며, "대답하지 마, 저게 소매치기 수법이야."라고 말했다. 심장이 콩닥콩닥, 종종걸음으로 인파 속을 헤집고 가는데, "아, 그쪽 가방이 열렸다고요." 하는 말이 귀에 꽂혔다. 그제야 S가 내 가방의 지퍼 하나가 열린 걸 확인했고, 황급하게 그 남자에게 미안하다고 말했다. 나도 그의 등 뒤에 대고 미안하다고 했지만, 그는 고개를 절레절레 흔들며 이미 제 갈 길을 가고 있었다.

열린 지퍼 안에는 모든 물건이 그대로 있었다. 돈이 없으니 열기만 하고 간 모양이다. 그게 열린 줄도 모르고 얼마나 돌아다닌 건지, 어이없었다. 누가 외국에서 소매치기당했다는 얘기를 들으면, 그때의 기억이 자동으로 소환된다. 이미 소매치기를 당한 줄 알고 알려주려던 그 친절한 백인 남자는, 두 동양 여자의 과민 반응을 어떻게 기억하고 있을까?

한가을 낮의 꿈은 그렇게 짧게 끝났다. 동부역 건너편에 있는 카페 야외 테이블에서 아무 데서나 담배를 피우는 사람들 사이에서 간접흡연을 제대로 하고, 저녁 기차에 올랐다. 파리로 올 때는 안 해서 의아했던 여권 검사도 받았다. 2층의 조금 여유로운 칸에 앉은 것도 밤 기차 여행에 안성맞춤이었다.

모든 게 처음이었고, 모든 게 완벽했다.

7년의 그리움

처음에는 두 항공사가 합병하기 전에 마일리지를 소진해 버리자고 시작하였다. 가고 싶은 도시를 목적지로 넣는 족족 매진이라 뜨고, 지쳐 떨어져 나가기 직전에 '혹시나…?' 하는 심정으로 넣은 '호찌민'이라는 세 글자.

일정도 마일리지로 예매하는 표가 있는 날로 정해졌다. 그렇게 7년 만에 다시 가게 된 호찌민. 첫 여행 때는 지인 덕분에 메콩강, 붕따우 등 다른 지역도 편하게 다녀왔다. 하지만 정작 숙소가 있는 호찌민은 스치듯 보고 온 느낌이었다. 그래서 이번에는 온전한 뚜벅이 자유여행으로, 도시의 구석구석을 제대로 보자고 작정했다.

여행은 원래 떠날 때보다 계획할 때 훨씬 설레는 법. 계획이 끝나고 나면 심장 박동도 정상으로 돌아온다. 해외에서 처음 시도하는 야간 버스, 스쿠터 투어를 예약하고, 일주일이지만 호텔도 세 군데나 잡았다. 첫날 자정 가까이 되어 도착한다는 점, 그리고 매일 같은 조식을 먹기 싫다는 이유로.

호찌민의 날씨는 예전과 비슷하게 30도를 웃돌았고, 그래서 더 좋았다. 겨울에는 역시 남쪽 나라지! 겨울에서 여름으로 공간 이동을 할 때만 나오는 에너지가 있다. 그렇게 힐링을 하고 오면, 남은 겨울을 넘기기가 훨씬 수월하다.

야간 버스 투어를 예약한 날 늦은 오후부터 장대비가 퍼붓기 시작했다. '스콜'이라서 오다가 말겠지 생각했지만, 그칠 기미가 안 보였다. 호텔 로비와 입구 계단은 외국인 투숙객들로 북적거렸다. 베트남에 도착한 이후로 그렇게 많은 백인을 한 장소에서 본 적이 없다. 이제나저제나, 다들 비가 그치길 한마음으로 기다렸다.

여행사에 6시는 도저히 못 맞추겠다 알리고, 저녁을 먼저 먹기로 했다. 날씨 요정이 찾아왔나? 저녁을 다 먹을 즈음 비가 그쳤다. 아직도 공사 중이라 내부는 못 본다지만, 노트르담 성당 외부는 화려한 조명으로 존재감을 빛냈고, 낮과는 또 다른 얼굴로 인사하는 오페라 하우스와 시청 등 다양한 호찌민의 야경을 제대로 누렸다. 비 온 뒤의 상쾌한 바람도 한몫했다.

다음 날 오전 8시부터 시작된 스쿠터 투어. 남편이나 나나 오토바이나 스쿠터를 탄 적은 없지만, 그래도 용기를 내기로 했다. 대학생 인턴인 레드 뒤에는 남편이, 북부에서 대학 졸업 후 일자리가 많은 호찌민으로 왔다는 하오 뒤에는 내가 탔다. 잠시 신호 대기로 서 있을 때 주위를 둘러보니, 뒷자리에서 손잡이나 운전자를 안 붙잡고 심지어 핸드폰을 보는 현지인이 태반이다. 그들의 여유가 그렇게 부러울 수가! 하오의 어깨를 움켜쥔 손에 내 목숨을 맡기고, 코어 근육과 허벅지에 힘을 꽉 주었다.

외국어 전공이라는 레드는 영어도 잘하지만, 우리 같은 뚜벅이 여행객이 도저히 갈 수 없는 호찌민 구석구석의 이야기를 재미있게 풀어주었다. 하오는 우리를 위해 일부러 전통의상까지 입고 나오는 성의를 보였다. 열심히 사는 두 젊은이의 모습에 저절로 고개가 숙여졌다. 구름이 많이 낀 하늘과 선선한 바람 덕분에 4시간이 훌쩍 지나갔다.

그 이후로는 굳이 뭘 하지 않아도 좋았다. 구글 지도로 땡볕 아래 20분 이상 걸어서 찾아간 식당, 아기자기한 소품 구경 재미가 쏠쏠한 '책의 거리', 노트르담 성당 앞에서 우산과 모자만으로 강렬한 햇볕을 피하며 야외 미사를 하는 인파를 보고 받은 충격, 호텔 루프 탑 라운지에서 바라본 강렬한 노을, 하루에 두 번이나 찾아가서 눈이 호강했던 핑크 성당의 아름다운 자태, 구불구불 호텔 뒷골목에 숨어 있는 커피숍의 매력, 천국을 경험하게 해준 2번의 마사지, 모두 이보다 더 좋을 순 없었다.

나이가 들수록 패키지여행을 가야 한다는 말들을 하지만, 이번 여행은 뚜벅이 자유여행이 안성맞춤이었다.

7년의 그리움이 제대로 보상받았다.

작은 게 좋을 나이

아이들이 어릴 때 직장도 나가며 홀시아버지를 모시는 동안, 일주일에 이틀은 도우미 아주머니가 왔다. 퇴근하면 쓰러져서 잠들었고, 아주머니가 안 오는 날에는 청소기도 안 돌렸다. 그때는 '방이 하나만 더 있었으면', '집이 좀 더 컸으면' 하는 상상을 자주 했다.

큰딸이 초등학교 저학년 때 반 아이 생일에 초대받아서 갔고, 몇 시간 후 그 집 현관에서 아이가 나오기를 기다렸다. 그때 갑자기 '슝~' 하고 뭐가 지나갔다.

나를 따라 나오며 아이가 하는 말.

"엄마, ○○네는 집에서 킥보드도 타!"

한마디로 부럽다는 얘기. 나도 당시는 부러웠다. 하지만 지금은? 로봇 청소기 하나 없고, 아주머니도 안 온 지 수십 년. 직접 청소기를 돌려야 하는데, 큰집이 웬 말! 당연히 청소해도 앓아눕지 않는 지금 집이 더 좋다.

자동차도 예전에는 SUV를 좋아했다. '나도 언젠가는 저런 차를 몰아야지'라는 상상 역시 자주 했다. 하지만 주차 감각이 '꽝'이라는 게 오랜 세월에 걸쳐 검증(?)된 지금은 언감생심이다. 지금 우리 집

차도 나한테는 크지만, 다행히 후면 카메라가 주차를 도와준다. 카메라 없이도 한 방에 주차할 수 있는 차, 내릴 때 옆 차와의 간격이 넓은 차가 부럽다.

얼마 전에 다녀온 베트남은 수년간 모아온 마일리지로 비즈니스석을 끊어서 갔다. 해외여행에 비즈니스를 탄 건 처음이다. 아주 오래전, 제주공항에서 비행기를 놓쳐서 얼떨결에 다음 비행기의 비즈니스석에 탄 적은 있지만….

비행기를 타면 늘 다리도 붓고 수면 부족에 시달려 왔다. 하지만 5시간 20분이 어떻게 지나갔는지 모를 정도로 잠도 잘 자고, '역시!'라는 감탄이 나온 비행이었다. "나는 언제 비즈니스 타보냐?"라고 노래 부르던 남편도 소원 성취 했다.

너도나도 비즈니스 타고 여행하는 모습이 유튜브나 TV 예능 프로그램에서 나올 때마다, 시부모님 생각이 났다. 돌아가신 시어머니는 대학교수 시절에도 경비를 아낀다고, 홀트아동복지회에서 유럽으로 입양 보내는 아기를 데리고 무료로 비행기를 타셨다. 내가 당시 어머니 나이가 되고 보니, 그런 용기가 존경스럽다.

두 분 다 대학교수였지만, 여행은 항상 이코노미로 하신 시부모님. 그분들보다 가난한 우리 부부는, 그런 검소함은 안 닮았나 보다. 집도, 차도 작은 게 좋을 나이지만, 비행기 좌석만큼은 큰 게 좋으니 큰일이다.

뚝딱거려도 괜찮아

후쿠오카 공항 근처의 렌터카 사무실에는 한국어를 제법 하는 일본인 직원이 있어, 첫날부터 '인복'이 있다고, 이번 여행의 조짐이 좋다고 생각했다. 원래는 차로 1시간 40분 거리의 유후인에서 늦은 점심을 하기로 했지만, 아무래도 먹고 출발하는 게 낫다는 쪽으로 의견을 모았다. 하지만 공항 근처 맛집은 아무도 찾아놓지 않은 상황. 그렇게 렌터카 직원이 가르쳐준, 걸어서 5분 거리의 니꾸우동 집으로 향했다.

큐알 코드로 주문하라는 종업원의 말에, 온통 일본어로 도배된 메뉴를 멍하니 바라보았다. 일본어 능력자 부부의 도움으로 메뉴 하나하나를 익히며 '뚝딱거리기' 시작한 지 몇 분이나 지났을까. 여자 종업원이 매우 조심스럽게 우리 테이블로 다가왔다. 그녀의 손에는 메모지와 펜이 들려 있었다. '살았다!' 두 번째 인복이었다. 맛있는 우동은 덤.

여행지의 언어를 모르면, 혹은 영어가 잘 안 통하는 나라에 갈 때면 스트레스를 받는다. 간판도, 메뉴도 전혀 이해를 못 하는, 문맹의 느낌이 좋지 않다.

그래서 엔화가 싸다고 너도나도 일본으로 갈 때도, 별생각이 없었다. 그런데 이번에는 남편의 친구 부부가 일본어를 잘하니, 마음이 한결 가벼웠다.

다음 날 아침, 긴린 호수를 먼저 보고 거기서부터 걸어서 유후인 마을을 둘러보기로 한 우리의 계획은, 내비게이션과의 소통 오류로 산길을 타기 시작했다. 가다 보니 이웃 도시인 벳푸로 가는 방향인 데다가, 시간도 말도 안 되게 오래 걸리는 걸로 나왔다. 마치 구글맵과 숨바꼭질이라도 하듯, 약이 바짝 오르는 상황.

하지만 창밖으로 보이는 거칠지만 아름다운 갈대밭과 완만한 산등성이에 매료되어 계속 화를 낼 수가 없었다. 우리는 사진 찍고 환호성을 지르느라 바빴다. 길을 잘못 들면 어떠리, 좀 돌아가면 어떠리. 이렇게 아름다운 풍광을 우연히 보게 됐으니, 그걸로 됐다.

그러나 날씨는 우리를 도와주지 않았다. 종일 싸락눈과 햇살이 번갈아 가며 내렸고, 원래 가려던 맛집까지 도저히 걸어갈 수가 없었다. 그렇게 또 계획했던 맛집이 날아가고, 모자와 목도리로 체온을 지키며 유후인의 골목길을 헤맸다. 아무 데나 들어가자고 의기투합해서 들어간 식당은 가정집을 개조했는데, 그 규모가 상당했다. 조용한 구석 자리에서 식사를 잘하고 나왔는데, 일본어 능력자가 뒤늦게, “여기가 우리 딸이 추천해 준 식당이었네요!”라고 하는 게 아닌가. 우연과 의외성이 주는 즐거움! 일행 중에 ‘파워 J’가 없어서 가능했을까?

이번 여행에서 가장 깊은 인상을 남긴 장소는, 후쿠오카의 어느 동네 골목에 숨어 있었다. 니트인들에게는 일종의 '성지'라는 '아무히비 니트'. 손재주가 없는 전형적인 '똥손'이라 뜨개질은 감히 엄두도 못 내지만, 형형색색의 실과 전시된 샘플들을 보기만 해도 힐링이 되었다. 나도 모르게 미소를 짓고 있었으니, 아름다운 걸 볼 때만 나오는 행복 바이러스가 틀림없었다. 이 역시 애초에 정한 목적지가 전혀 아니었다. 그렇게 또 한 번 즉흥적인 재미를 누렸다.

뚝딱거려도 괜찮다. 계획이 틀어지고 우연히 들어간 식당이 친절한 맛집일 때, 갑자기 들어선 골목이 오히려 아기자기하고 재미있을 때, 호텔 조식과 체크 아웃 사이 촉박한 시간에 구글 맵으로 찾아간 곳이 유명한 커피 맛집일 때, 뜻밖에 누리는 행복감이 더 크니까.

11장

등골 브레이커

Tamed Heart

피아노가 있는 방

등골 브레이커 1호, 큰딸

오렌지 물결

아름다운 미소를(등골 브레이커 2호)

반짝반짝 노란색

피아노가 있는 방

피아노와는 애증의 관계다. 초등학교에 입학하기도 전에 피아노 학원을 다녔다. 종이 피아노 위에 손가락 연습을 하던 흑백사진도 있다. 정말 열심히 했다는 엄마의 증언도 있다. 그런데 호루겔 피아노가 집에 들어오던 날부터 연습을 게을리하고, 그토록 원하던 악기를 멀리하기 시작했다. 몇 년을 그렇게 버티다가 결국 6학년 때 레슨을 그만두었다. 세월이 오래 흐른 후에, '왜 그때 취미로라도 계속 안 쳤을까?' 하고 여러 번 후회했다.

시어머니가 피아노과 교수여서, 시댁에 그랜드 피아노만 3대가 있었다. 은퇴 후 지병으로 피아노를 더 이상 못 치시고 작은 집으로 이사하면서, 모든 피아노를 처분해야 했다. 제일 좋은 스타인웨이는 시누이 집으로, 볼드윈은 우리 집으로 왔다.

두 아이 모두 동네 피아노 학원을 다닌 지 꽤 되었고, 큰애는 두 번, 작은애는 한 번의 학원 리사이틀 경험도 했다. 혹시나 틀릴까, 아니면 암기한 악보를 잊어버릴까, 두 손에 땀이 나도록 초조하게 무대를 바라보았다. 아이들은 나의 우려를 기우로 만들고, 보란 듯이 멋지게 연주를 해냈다. 앙증맞은 드레스를 입고 고사리손으로 건반을 두드리던 모습이 아직도 눈에 선하다.

어머니가 돌아가신 후 두 아이가 차례로 무대에 서서 야무지게 연주한 날, 아버님은 밤하늘의 별이라도 딴 사람 같았다. 그랬다. 희망은 엄마인 나만의 몫이 아니었다.

볼드윈이 방 하나를 차지하고 나니, 욕심이 생겼다. 설마 딸 중 하나는 할머니의 재능을 물려받지 않았을까, 하는 희망 고문의 시작이었다.

학원 원장은 이제 큰애가 준비되었다며, 성가대 반주를 권했다. 그렇다면 재능이 있겠구나, 또다시 희망의 싹이 꿈틀거렸지만 학원을 그만두게 했다. 집에 모시고 있는 볼드윈으로 가르칠 강사가 필요했다. 두 아이가 같은 날 차례대로 레슨을 받게 하니 마음이 놓였다.

일하는 엄마의 죄책감을 그렇게라도 씻고 싶었나 보다. 종일 학원 뺑뺑이를 돌리기보다는 하나라도 집에서, 그것도 버젓한 그랜드 피아노로 배우게 하고 싶었나 보다. 피아노가 장식용이 아니라고, 방 하나를 차지한 가구만은 아니라고 증명이라도 하듯이.

예전 학원처럼 매년 리사이틀도 없고 내가 피아노를 잘 알지도 못하니, 아이들의 실력을 확인하기가 어려웠다. 그러다가 평수가 더 작은 집으로 이사 가면서 피아노를 놓을 공간이 없어졌다. 나는 '기증하자', 남편은 '팔자'고 하며 잠깐의 실랑이가 있었다. 아버님이 내 편을 들어주셨고, 큰애가 다니는 외국인학교에 기증하기로 했다. 그렇게 피아노는 아이들의 일상에서 사라졌다. 악기를 다룰 줄 아는 게 얼마나 소중한지 몸소 체험했지만, 억지로 밀어붙일 수는 없었다. 만약 강요했다면, 아이들과의 사이가 틀어지지 않았을까.

피아노 기증식은 생각보다 거창했다. 학교가 크고 피아노를 전공하려는 학생도 많았지만, 정작 제대로 된 그랜드 피아노가 없어 음악 교사의 고민이 컸다고 한다. 기증식 날 피아노 앞에 앉아서 몇 소절을 연주하던 그 교사의 얼굴에는 행복한 미소가 가득했다. 교장보다도 더 많이, 더 진심으로 우리에게 몇 번이나 고맙다고 고개를 숙였다. 학교신문에 우리 부부와 교장의 사진이 실리고 기사까지 났다.

시간이 많이 흐른 후, 딸들과 대화 중에 피아노 얘기가 나왔다. 아이들이 이구동성으로, "아오, 나 그 피아노 선생님 너무 싫었어!" 하는 게 아닌가! 금시초문이라 무척 당황했다. 일하는 엄마에게 비밀로 한 일이 한두 건이 아니라고는 짐작했지만, 피아노 강사가 그중 하나일 줄이야. "그래? 엄마한테는 싹싹하게 잘해서 전혀 몰랐네." "그니까! 우리한테는 얼마나 못되게 굴었는데!" "지각도 자주 하고!" "그래도 우리 피아노 좋다고 엄청 부러워하긴 했어." 하며 낄낄대던 아이들.

결국 볼드윈 때문에 집으로 들인 강사가 문제였나. 나의 과욕이 부른 참사였나. 아니다. 아이들이 피아노를 전공할 재능과 운명이라면, 한 명의 강사가 그 길을 막진 못하리라 믿는다. 그렇게 믿고 싶다. 사람 얼굴 하나 제대로 못 그리는 내게 미술 전공한 딸이 둘이나 있는 것도, 할머니의 피아노 재능을 아무도 물려받지 않은 것도 미스터리다.

등골 브레이커 1호, 큰딸

어떻게 지금까지 모녀 여행을 한 적이 없을까? 계획조차 한 번도 안 한 게 의문이다. 이렇게 좋은 것을!

퇴사하면 시간이 많으니 생각도 정리할 겸 여행을 떠나는 게 어느 순간부터 유행이 되어 버렸다. '라떼'는 없었던 태교 여행처럼, '퇴사 여행'이라는 말도 생겼다. 여러 후보지를 놓고 생각하던 차에 누군가가, "애들이나 보러 가." 하는 게 아닌가. 마침 독일에서 공부하는 작은 애는 방학을 맞아 한국에 들어와 있어, 여행지는 자연스럽게 큰딸이 있는 베이 에어리어(Bay Area: 샌프란시스코 만(灣, bay) 주변 도시들을 묶어서 일컫는 말)로 정해졌다.

아빠가 공부하는 동안 미국에서 태어난 큰애는 집에서는 영어로 곧잘 재잘대면서도, 학교에서는 입을 꾹 다물고 지냈다. 유치원 담임 교사가, "간단한 구두시험을 봐야 하는데, 아이가 도통 말을 안 하네요. 만일의 경우를 대비해서, 시험 날 학교로 와 주시겠어요? 복도에 계시다가, 아이가 대답을 안 하면 어머니 도움을 요청할게요." 했다. 무거운 마음으로 복도에서 대기하던 중, 결국 교사의 부름을 받고 교실로 들어갔다. 교사의 질문을 내가 다시 한번 되풀이하면,

아이는 손가락으로 답을 가리키거나 개미만 한 목소리로 대답했다. 그렇게 시험을 통과했다.

초등학교 입학을 딱 1년 앞두고 귀국해서, 영어 유치원이 아니라 일반 유치원에 보냈다. 7세가 두 반만 있는 작은 규모였는데, 우리 아이는 '어진반'이었다. 그런데 '목화반' 여자아이의 생일에 유일하게 초대받은 어진반 아이가 바로 우리 큰애였다. 알고 보니 "새로 온 어진반 여자애가 영어만 하고 한국말은 못 한대."라는 헛소문이 퍼져 있었고, 신비감 때문인지 아이들이 관심을 보였다고 한다.

미국에서는 '영어 못 하는 애'로, 한국에서는 '한국어 못 하는 애'로 알려졌던 아이는 중학교 때 결국 대전에 있는 외국인학교로 전학을 갔고, 나중에 다시 캘리포니아 오렌지 카운티의 공립 고등학교로 옮겼다. 한국 학교에서는 성적이 좋지 않아 우리 부부를 고뇌에 빠지게 했지만, 외국인학교의 어학 과정은 빠른 기간에 통과했다. 미국 고등학교에서는 우수 학생으로 뽑히기도 했고, 대학 입시 때에는 여러 미술대학에서 장학금을 제안받았다.

동부의 한 사립대학에서는 교수가 손으로 쓴 편지까지 보내며 딸의 등록에 '구애'를 펼쳤다. 그만큼 그림 실력을 인정받으니, 내가 다 설렜다. 하지만 아이의 마음속 1순위는 뉴욕의 한 미술대학이었다. 안타깝게도 거기서 제안한 장학금 규모는 크지 않았고, 우리 형편에 뉴욕의 악명 높은 생활비를 감당하기는 불가능에 가까웠다. 우리 부부는 힘을 합쳐 아이를 포기시켰다. 그때 아이의 두 눈에서 하염없이 흐르던 눈물이 내 마음을 적셨다.

어릴 때부터 오타쿠 기질이 다분했던 큰애는, 중학생 때는 일본 애니메이션 〈이누야샤〉의 캐릭터 의상과 검을 사달라고 해서 밤잠을 설치게 만들었다. 10만 원이 넘는 복장에 검까지 갖추어 입은 아이를 학여울역 컨벤션 센터에 내려주었는데, 코스프레한 사람들의 물결을 보고 입이 떡 벌어졌다.

'덕질'하는 면모가 나와 상당히 비슷한 큰애. 하지만 나와는 달리 아이돌 그룹을 좋아하고, 멤버들을 캐릭터화해서 그리기도 한다. 비싼 해외 배송비를 물어가면서, CD 플레이어도 없으면서 굳이 아이돌 CD를 구입해서 벽에 전시하고 행복해하는 아이. 나도 덕질을 하기에 큰애의 그런 면이 순진해 보이면서도 다행스러웠다. 일 외에 열정과 관심을 쏟는 분야가 있으면 스트레스가 금방 풀리고, 그만큼 정신적으로 건강하다는 반증 아니겠는가!

영어에 'late bloomer'라는 표현이 있다. 늦깎이, 대기만성형 정도로 해석된다. 직역하면 '뒤늦게 피는 사람'인데, 그 의미가 참 좋다. 만약 내가 '헬리콥터 엄마'였다면, 상상만 해도 끔찍하다. 그런 엄마가 될 소질은 숨어 있었지만, 직장이 있으니 싹도 못 틔우고 세월이 흘렀다. 만약 시시콜콜 아이의 숨통을 조이는 참을성 없는 엄마였다면 모녀 관계도 틀어지고, 아이도 끝끝내 꽃을 못 피웠을 수도 있다.

헬리콥터처럼 아이 주변을 맴돌지는 않았지만, 스스로 울보 엄마라고는 인정한다. 큰애를 미국 홈스테이에 남겨두고 돌아오는 비행기 안에서, 옆에 앉은 둘째가 눈치를 볼 만큼 끄억끄억 울었고, 그 후 여름 방학 때마다 다녀가는 아이를 배웅하며 고장 난 수도꼭지가 되었다. 한번은 도우미 아줌마가 내 허락(?)도 안 받고 큰애의 침대 시트와 베갯잇을 세탁했다고 원망한 적도 있다. 그녀는 부지런히 빈 방을 청소한 죄밖에 없는데, 나는 큰애의 향이 다 사라져 버린 방에서 분을 못 이기고 씩씩댔다.

그런데 사이코 울보에서 탈출하는 계기가 찾아왔다. 갑작스러운 한 학기 휴학으로 무려 9개월 동안 한집에서 지내다가 다시 미국으로 돌아가는 큰애의 뒷모습을 보며, 처음으로 울지 않았다. 한 지붕 밑에서 살기에는 훌쩍 커버린 아이, 하나의 인격체이자 어엿한 성인임을 인정하는 순간이었다. 그녀에게 더 이상 울보 엄마는 필요하지 않았다.

이번에 꼬박 2주간을 큰애 집에서 한 침대에서 지내고, 1박 2일이지만 요세미티 국립공원도 다녀왔다. 도착한 다음 날이 마침 미국의 '어머니날'이어서 근사한 브런치도 대접받았다. 몇 년 동안 같이 못 보낸 딸의 생일에는, 내가 직접 끓인 소고기미역국을 먹였다. 마치 오랫동안 펼쳐만 놓았던 퍼즐을 완성한 느낌, 방치해 온 숙제를 끝낸 기분이다. 아이가 일하러 간 날이면 혼자서 빨래하고, 책 읽고 글 쓰고, 집집마다 가꾸는 예쁘고 이국적인 꽃들에 감탄하며 산책도 했다. 마치 동네 주민인 양 한가하게 보낸 날들이, 어디를 가고 바쁘게 움직인 날보다 더 기억에 남는다.

저녁을 먹은 후에는 함께 침대에 누워 넷플릭스를 보았다. 매일 어떤 드라마, 어떤 영화를 볼지 얘기하고 검색하며, 그렇게 즐거울 수가 없었다. 작은 농담 하나에 함께 웃는 것만으로도 행복했다.

언제 또다시 이런 모녀 여행을 할지 모르겠다. 어쩌면 이번이 처음이자 마지막이었을 수도 있다. 만약 그렇더라도, '등골 브레이커 1호'와 함께한 시간은 더할 나위 없이 좋았다.

오렌지 물결

드디어 '오라클 파크(Oracle Park)'에 가는 날이다.

11년 전 차 타고 지나가며 보았던 'AT&T 파크' 시절부터, 나의 '버킷 리스트' 중 하나인 샌프란시스코 자이언츠의 홈구장에 간다. 자이언츠 팬도, 이정후 팬도 아니지만, 바닷가에 위치해서 아름다운 경치를 자랑하는 오라클 파크는 꼭 한 번 가고 싶은 야구장이었다.

경기는 오후 1시 15분에 시작하지만, 아침부터 서둘러 페리 빌딩부터 들렀다. 페리 빌딩은 주변 섬이나 소도시로 항해하는 배도 출발하지만, 토요일 아침마다 열리는 파머스 마켓과 1층에 예쁜 가게들이 있어 구경거리가 많다. 자이언츠의 컬러인 오렌지 물결이 페리 빌딩 안팎으로 넘쳐났다. 그들이 입은 저지와 야구모자를 보니, 가슴이 콩닥콩닥 뛰기 시작했다.

바다는 바로 왼쪽에 있고 날씨도 좋으니, 30분 거리지만 걸어가기로 했다. 배리 본즈의 영구 결번인 25번이 많이 보이는 와중에 J.H. Lee(이정후)의 51번 저지를 입은 여자아이가 부모님 손을 잡고 가는 모습이 눈에 띄었다. 같은 구장으로, 같은 경기를 보러 가는 길이니 원래 알던 사이처럼 느껴지고, 발걸음은 가벼웠다.

그런데 우리 앞에서 걸어가던 20대로 보이는 청년 몇 명이 갑자기 욕을 하며 방향을 확 틀었다. 무슨 일이지? 의아한 마음에 나의 시선은 저만치 앞으로 향했다. 순간, 눈을 의심했다. 악! 외마디 비명이 터져 나왔고, 딸의 팔을 꽉 잡았다.

"저기 봐 봐! 저거… 뭐야?"

"응? 어디?"

대여섯 명의 젊은 남자들이 실오라기 하나 걸치지 않고 자전거를 타려고 모여 있었다. '안 본 눈 사요'라는 말이 딱 맞는 상황. 죄를 지은 사람처럼 황급히 시선을 돌리고, 우리도 멀리 떨어져 걸었다.

딸이 키득키득 웃으며, "엄마는 여기 온 지 며칠 되지도 않았는데, 내가 십 년 넘게 살면서 한 번도 못 본 걸 다 보네!"라고 말했다.

며칠 후 저녁을 함께 먹은 남편의 사촌 동생 부부에게 그 이야기를 했더니, 마라톤을 뛸 때마다 하도 봐서 이제는 무감각하다고 한다. 그러면서도 그 사촌 역시 고개를 절레절레 흔들었다. 왜 벌건 대낮에 다 벗고 뛰거나 자전거를 타는 걸까? 야구장에 가는 길에 있던 수많은 어린이들은 그 광경을 어떻게 인식할까? 어릴 때부터 보니까 오히려 덤덤할까? 한국에서는 경범죄로 잡혀간다고 말하며, 그날의 충격을 웃어넘겼다.

308번 블록을 찾아서 야구장 안으로 들어서니, 비현실적인 장관이 펼쳐졌다. 구름 한 점 없는 하늘 아래 펼쳐진 바다, 맥코비 만(McCovey Cove) 위에 출렁이는 크고 작은 보트와 요트들. 강렬한

태양 아래에서도 야광 효과를 내는 오렌지 컬러의 스타킹을 신은 선수들의 길쭉길쭉한 다리. 세상의 모든 색깔이 고유의 모습을 선명하게 뽐낸다. 눈이 부시다.

자이언츠 깃발을 휘날리는 요트와 카약은 장외 홈런(Splash Hits)을 잡기 위해 기다리는 팬들이 타고 있다. 그렇게 잡은 홈런 볼은 비싼 가격에 거래된다고 한다. 이날은 장내 홈런만 나왔지만, 그런 배들을 직접 보니 신기했다.

부상당한 이정후 대신 투입된 중견수는 대활약을 펼치며, 콜로라도 로키스를 상대로 큰 점수 차이로 이기는 데 중요한 역할을 했다. 이래서 기회는 왔을 때 잡아야 한다. 어쨌든 홈구장에서 이기는 경기를 보고 '승요(승리하는 경기를 직접 봤을 때 승리 요정이라고 부른다)'가 되었다. 오라클 파크가 나를 이렇게 환영해 주는구나 싶었다.

이번 여행에는 꼭 오라클 파크를 가겠다는 나의 야구 열정에 떨떠름해하던 딸은, 막상 바다를 마주 보며 앉자 "진짜 예쁘다."라고 감탄을 연발했다. 경기가 시작되자 "오랜만에 왔는데, 재밌네!"라며 제법 경기 분석까지 한다. 한국에서 야구장을 데리고 다닌 보람이 있었다.

큰딸과 함께해서 좋았고, 땡볕에도 불구하고 가슴이 탁 트이는 바닷바람을 실컷 맞아서 좋았다. 딸이 행복해하니, 내 마음도 오렌지 색깔로 물들었다.

아름다운 미소를(등골 브레이커 2호)

우리 부부는 둘째를 막내, 혹은 막둥이라고 부르길 좋아한다. 아무래도 막내티가 많이 나는데, 꽤나 귀엽고 사랑스럽다.

초등학교 저학년 때 학교 앞에 있는 미술 학원에 다니고 싶다고 먼저 말했던 아이. 미술대학에 간 이후로도 도예, 패션, 무대 미술, 타투 등 하고 싶은 게 많았다. '덕질'을 하는 언니가 엄마를 더 닮았다고 말은 하지만, 그렇게 관심 분야가 다양한 건 막내와 나의 공통점이다.

놀이동산에서 무서운 기구 타는 걸 즐기고, 양팔에 가득한 타투를 보면, 겁이 많은 나와는 완전히 다른 성향이긴 하다. 처음 타투를 배운다면서 본인 팔에도 이런저런 그림을 그리고 나타났을 때, 놀라긴 했지만 반대하거나 말리지 않았다. 역시 자식은 겉 낳지, 속 낳는 게 아니라고 하던가.

초등학교 5학년 때, 예술중학교 입시를 준비하자는 학원장의 꼬임(?)에 넘어가 그 어려운 길에 들어섰다. 실기 시험 준비 때문에 제주도 졸업 여행도 못 갔다. 입시를 앞둔 애들은 원래 졸업 여행을 못 간다는 원장의 말에 아이도 포기했다. 혼자만 못 가는 게 아니라, 같이 준비하는 친구들이 곁에 있으니 참을 만했나 보다. 돌아보면 그렇게까지 할 일이었나 싶다. 하지만 결국은 낙방했고, 막내는 생애 처음 맛본 패배의 쓴맛에 적응하지 못했다.

그때 우리 가족은 일본 규슈로 패키지여행을 갔다. 엔화가 올라서 추가 금액까지 내며 눈물을 머금고 떠난, 막내 위로 여행이었다.

원래 우리 식구 중 사진발을 가장 잘 받는 막내인데, 당시에 찍은 사진을 보면 아이의 표정이 그리 밝지가 않다. 그렇게 풀이 죽었던 아이는 몇 달 만에 털고 일어났고, 다시 미술을 하겠다고 선언했다.

예체능에 대한 흔한 선입견 중 하나가 '성적이 안 되니까' 하는 거 아니냐는 거다. 물론 그런 사람도 있겠지만, 우리 애들은 어릴 적 관심과 재능을 옆에서 지켜보고 뒤에서 밀어준 게 전부다.

그래서 고3 담임과 3월에 상담할 때도, 나는 참 당당한 엄마였다. 그런데 담임은, "우리 반에 미대 가려는 애가 16명이에요. 저는 미대 입시에 대해 전혀 모르니, 어머니가 다 알아서 하셔야 합니다."라고 말했다. 선전포고도 아니고, 그런 상담은 난생처음이었다. 그러면서 바로 다음 주가 아이 생일 아니냐며, "반 아이들이 먹을 간식을 잘 준비해서 보내 주세요. 제가 담임 맡은 반 생일날 전통이라서요."라고 통보했다. 초등학교 이후로는 학교로 생일 다과를 보낸 적이 없다. 입시 상담하러 와서 갑자기 생일 턱 얘기를 듣는 이 상황은 뭐지? 입이 떡 벌어지려는 걸 겨우 참았다. 초등학교 1학년 때부터 담임 복이 없더니 끝끝내…. 화도 났지만, 아이의 불운에 더 마음이 아팠다.

막내가 서울에 있는 미술대학에 수시 전형으로 합격했을 때, 그래서 교무실 칠판 수시 합격자 명단에 이름을 올렸을 때, 담임 얼굴이 떠올랐다. 그녀에게는 막내의 이름이 그저 합격생 숫자에 불과했겠지만, 내게는 소심한 복수였다.

미술대학 수시 전형에 일반고 출신이, 그것도 재수나 삼수가 아니라 고3이 합격하는 건 매우 드문 일이다. 미대는 재수가 당연하다고 여겨지는 세상. 그래서 정시 전형 학원비가 한 달에 500만 원이어도, 학부모는 군소리 못 하고 낸다.

합격했다는 전화를 퇴근길에 받았다. 외마디 비명이 절로 나왔다. 길거리였지만, 깡충깡충 뛰고 싶을 만큼 가슴이 벅찼다. 미국 미술대학에서 여러 개의 합격증을 받은 큰애 때보다도 몇 배는 더 좋았다. 사람들은 막내가 효녀라고 칭송했다. 500만 원 안 쓰게 해준 효녀….

코로나19 때문에 대학 졸업식도 취소되고 어수선한 가운데, 막내는 독어 공부를 시작했다. 그리고 인천공항 전광판에 출발 비행기가 열 대도 채 안 되는 21년 5월, 베를린으로 워킹 홀리데이를 떠났다. 탑승객이 워낙 적어서 생각지도 않은 서비스도 받았다. 원래는 수화물을 한 개만 부칠 수 있는데, 기내에 들고 타려던 캐리어까지 받아

주는 게 아닌가. 유령의 집 같은 공항에서, 따뜻함을 느꼈다.

막내는 알바를 하면서 독어를 공부하던 중 여러 미대에 합격했고, 전공을 바꾸어서 학부를 다시 다니고 있다. 규슈에서 침울했던 아이가 이제는 베를린에서 씩씩하게 살고 있으니, 그동안 견뎌낸 시간을 새삼스레 돌아보게 된다.

아이 혼자 독일에 보내고 내내 마음에 걸렸는데, 내년에 남편 환갑을 기념해서 베를린을 가려고 계획 중이다. 독일은 남편이나 나나 둘 다 출장으로만 다녀온 나라다. 가족 여행을, 그것도 막내가 사는 데로 갈 생각을 하니 마음가짐부터 다르다. 미국에 있는 큰애도 합류하길 바라며 잘 계획을 짜 봐야겠다.

우리 가족이 다 모여 살던 시절 갔던 규슈에서는 활짝 웃는 얼굴로 사진을 못 찍었지만, 이번에는 막내의 아름다운 미소를 볼 수 있겠지?

반짝반짝 노란색

잿빛으로 우울할 것 같다는 선입견에, 유럽의 다른 도시와 달리 현대식 건물이 많아서 볼거리가 없고, 따라서 별 매력이 없는 도시라는 편견을 안고 향한 베를린.

친구 Y의 집에서 아침 식사를 마치면, 동네 산책을 핑계로 매일 아침 로터리까지 한 블록을 걸어가서 커피를 마셨다. 그때 아침 7시에 문을 여는 마켓들을 보고 깜짝 놀랐다. 출근 전에 점심 도시락을 사거나 푸드 코트에서 아침을 먹는 시민들이 보였다.

처음 보는 자전거 전용 신호등도 신기하고, 한 국가의 수도이자 큰 도시인데도 너무나 공기가 맑아 자주 큰 숨을 들이쉬며 조금이라도 더 느끼려고 애썼다. 줄무늬 없이 반짝이는 갈색의 청설모(Red Squirrel)를 처음 보고 탄성을 질렀는데, 친구네 아파트 단지 중정과 공원에서 자주 마주치며 익숙해졌다.

막내딸과 함께 탔던 전철에서 한 번은 무조건 다 하차하라는 안내 방송이 나왔다. 이유를 말 안 하는 게 이상했다. "원래 이유 말 안 해줘."라는 아이의 말에, "사람들이 항의 안 해?"라고 묻자, "하도 자주 있으니까 그러려니 해."라는 답이 돌아왔다. 두 번 연속 '강제' 하차를 당할 때 그 이유가 방송되었고, 독일인들은 그렇게 본인의 의지와 상관없이 전철이 늦어도 지각으로 치고 그만큼 더 일을 한다고 한다.

작센 스위스 국립공원에서 하이킹을 할 때는 집채만 한 개와 등산하는 현지인들이 제법 있었는데 다른 개와 마주쳐도 신기하리만치 조용하고, 한 번도 짖는 소리를 들은 적이 없다. 동네에서 주인과 산책하는 개들도 마찬가지. 국민성이나 견성(?)이나 우리와는 많이 다르다.

친구 Y의 남편은 공무원인데, 이웃 도시인 포츠담까지 자전거로 출퇴근을 한다. 도착한 다음 날 차를 타고 포츠담으로 갈 때, Y의 아들이 "저기가 아빠가 일하시는 건물이에요." 해서 놀랐다. '아니, 이렇게 멀리 자전거로?' 회사에는 샤워 시설, 거리에는 자전거 전용 도로가 있고, 택시는 비싸고 전철은 연착이 잦으니, '기승전 *자전거*'라는 생각마저 들었다. 그만큼 자가용 운전자가 적기 때문에 공기가 맑은지도 모르겠다.

"태어나서 집 열쇠 처음 봤어요."라는 친구 조카의 말마따나, 독일 집들은 아파트 입구부터 앞뒷문을 죄다 열쇠로만 연다. 딸은 한때 자기가 하숙생이었던 Y의 집 뒷문 열쇠를 3개나 주면서 종류별로 사용법을 알려 주었지만, 반평생 번호 키에 길들여진 우리 부부에게는 쉽지 않은 미션이었다. 낑낑대며 열쇠를 이리저리 돌리는데 안에서 소리를 들은 Y가 나와서 열어 준 적도 있고, 친구가 출장 중일 때는 조용히 들어가려다 끝내 실패하기도 했다. 그 후로 우리가 열쇠 따는(?) 방법에 익숙해질 때까지 딸은 계속 확인 또 확인했다! '잘 들어갔어?', '응' 이런 문자는 우리만의 유머 코드였다.

독일 유학을 다녀와서 독문과 교수로 정년 퇴임하신 할아버지의 재능을 물려받았는지, 막내는 한국인이 손꼽히게 드문 대학에서 독어로 수업을 듣고 발표하는 데 아무런 문제가 없다. 식당에서 주문을 할 때도 그 조그만 입으로 어찌나 유창하게 말을 하던지, 신기할 지경이다. 내가 독어를 못 해서 더 경이롭게 느껴졌나 보다. 알바하랴, 공부하랴 힘들게 모은 돈으로 이 엄마의 '버킷 리스트' 중 하나인 베를린 필하모니에서의 공연까지 예매해 주고, 남편의 환갑 기념 여행에 오히려 내가 더 혜택(?)을 입은 기분이다.

한국보다 훨씬 많이 보인 것 중 으뜸인 노란색의 버스, 트램, 건물, 벤치 등 거리 풍경에서 노란색을 빼고는 독일을 얘기할 수가 없다. 반짝이는 노란색이 보일 때마다 사진을 찍지 않고는 배길 수가 없었다. 누가 베를린을 회색 도시라고 했나? 그늘이나 파라솔 없이 햇살을 고스란히 받으며 광합성을 하는 사람들인데!

'등골 브레이커 2호'가 지었던 만면의 미소도 독일의 햇살처럼 샛노랗게 반짝반짝, 눈이 부셨다.

12장

황금 시대

Home Sweet Home

호박죽과 수제비

할 게 공부밖에

리틀 애플

야밤의 추격전

청담동 며느리의 변신은 무죄

호박죽과 수제비

남자는 군대, 여자는 출산 이야기로 밤을 새울 수도 있고, 책 한 권도 모자란다. 회사에서도 임신을 계획하거나 출산 예정인 직원이 한 명이라도 있으면, 여자들의 무용담(?)으로 한두 시간은 훌쩍 지나간다.

첫째는 세상 구경이 급했는지 양수를 터뜨리며 존재감을 드러냈다. 하지만 14시간의 진통과 2시간의 노력에도 불구하고, 계획에 없던 제왕절개 수술을 받았다. 하반신 마취제를 척추에 맞을 때, 그 어느 겨울보다도 부들부들 떨었다. 절대 움직이면 안 된다는 간호사의 신신당부 때문에 간이 콩알만 해졌다.

친정엄마 없이 태평양 건너에서 남편과 이웃들에 의지하며 출산하며 서럽지 않았다면 거짓말이다. 두 딸을 낳을 때, 엄마는 한 번도 오지 않았다. '그깟 글 나부랭이' 이후, 엄마에게서 받은 두 번째 상처다. 오히려 시어머니는 두 번 다 오셔서 음식도 해주고 아이도 봐주셨는데, "니 엄마는 안 오신대니?"라는 말이 화살처럼 마음에 박혔다.

치매인 할아버지까지, 남자들만 두고 올 수 없다는 게 공식적인 이유였다. 가부장제와 남아선호에 또다시 순위가 밀렸다. 맏이이자 하나뿐인 딸이지만, 한 번도 1순위로 대우받은 적이 없다.

둘째를 임신했을 때는 왜 그렇게 수제비가 먹고 싶던지! 한식당이 몇 군데 있었지만, 수제비는 안 팔았다. 수제비를 한 번도 만들어 본 적이 없는 데다가, 시도했더라도 냄새 때문에 완성하지 못했을 거다. 결국 남편을 졸랐다. 지금은 우리 집 요리사인 그도 당시에는 부엌살림에 '젬병'이었다. 첫째 임신 때 손발이 2배로 퉁퉁 부은 아내를 위해 호박죽을 열심히 끓이던 모습은 온데간데없고, 그는 '모르쇠'로 일관했다. 생전 처음 불 앞에서 호박죽을 저은 그에게 느꼈던 고마운 마음도 잠시, 수제비에 대한 서운함은 어제 일처럼 생생하다. 그 이후로 기회만 되면 수제비를 시키니, 이제는 아예 선수를 친다. "거기 수제비 팔더라.", "당신 수제비 좋아하잖아."

자연분만에 대한 '로망'(?)과 제왕절개 비용에 대한 부담 때문에, 둘째는 무조건 수술 없이 낳으리라 각오했다. 첫째 출산 이후 무보험 상태여서, 1만 불이 넘는 비용을 감당할 수가 없었다.

체력장도 16점밖에 못 받은 내가 그때만큼 열심히 운동한 적이 있나 싶다. 큰애를 어린이집에 맡기고 매일 오전 헬스장에 갔다. 오로지 자연분만에 대한 열정 하나로 불태운 시기였다.

다행히도 작은애는 두 시간 만에 세상에 나왔다. 진통 때문에 새

벽에 깨서, 아직도 잠에 취해 있는 큰애를 친구 집에 맡기고 들어간 병원. 허둥지둥했지만, 첫째에 비하면 순조롭게 출산해서 남편이나 나나 어리둥절했다.

캔자스주 맨해튼이라는 소도시에서 보낸 세월은 가장 가난했지만, 역설적이게도 가장 행복한 시기였다. 당시에는 지긋지긋하고 빨리 벗어나길 바랐지만, 막상 떠나온 후로는 그 시절이 항상 그립다. 신혼과 육아를 한국에서 했다면, 그만큼 똘똘 뭉치지 못했을 거다. 주변에 다른 요소들이 너무 많으니까. 하지만 미우나 고우나 서로 의지하고 '독박 육아'를 하며, 동지의식도 생기지 않았나 싶다.

'모성애'는 타고나지 않고 학습된다고 생각한다. 만약 아이를 낳지 않았다면? 지금의 나는 훨씬 더 미숙하고, 더 이기적일 거다. 뾰족한 부분이 조금은 둥글둥글해졌다. 아이들 덕분에(?) 사람 됐다.

할 게 공부밖에

"5분이요?"

"네, 5분만 가면 맥도날드가 있어요."

하지만 아무리 걸어도 호텔 프런트 직원이 말한 맥도날드는 나타날 기미가 안 보였다. 그녀의 '5분'은 자동차로 가는 시간이었고, 우리가 생각한 '5분'은 걸어서 가는 거리라는 걸 나중에야 깨달았다. 보행자를 위한 인도가 따로 없는 길 위로, 우리 부부는 참으로 용감하게 걷고 또 걸었다.

한 끼 식사를 위해 맥도날드에 도착했을 때는 이미 30분이나 지나 있었다. 결혼한 지 겨우 두 달, 미국에 도착한 지는 일주일. 캘리포니아에서 남편의 외가 친척들을 만나서 여독을 풀고 도착한 캔자스주 맨해튼은 캘리포니아에 비하면 너무나 조용하고 한적했다.

학교 아파트에 입주하기 전까지 며칠 머물렀던 홀리데이인은 시내에서 뚝 떨어진 외곽에 있었다. 지하철이나 버스 같은 대중교통이 전혀 없는 동네에서, 우리처럼 차가 없는 사람이 머물기에는 최악이었다. 90년대 초는 구글 맵으로 주변을 미리 알아보고 예약할 수 있는 시대가 아니었다.

미국에 가기 전에 한 유명 어학원 앞에서 밤새 줄까지 서서 등록을 하고, 몇 달간 열심히 공부해서 마지막 날에는 우수 학생 상까지 받았지만, 나의 영어 실력은 초라하기 그지없었다. 중학교 때 총각 영어 선생님을 좋아하면서 시작된 나의 영어 사랑이, 그때만큼 좌절을 안긴 적이 있을까? 사랑했던 과목이기에, 그만큼 절망이 더 컸다.

캘리포니아의 한 백화점에서 선물을 사고 포장센터로 갔는데, 'receipt(영수증)'라는 단어를 못 알아들어서 무료 포장 서비스도 못 받았다. 토플 시험까지 봤던 남편도 내 옆에서 눈만 껌뻑였다. 핸드폰도 나오기 전이고, 번역 앱 같은 건 상상조차 못 하던 시절. 오로지 스스로의 귀와 머리에만 의존해서 소통해야 했던, 참으로 호랑이 담배 피우던 시절이다.

거의 문맹 같은 기분으로 살다가 귀가 열리기까지 꼬박 한 달이 걸렸는데, 그건 순전히 매일 낮에 열성적으로 시청하던 'soap opera(몇십 년간 장기 방영되는 일일 드라마를 일컬음)' 덕분이다. 한 드라마를 정해서 수십 명의 등장인물과 그들의 복잡하게 얽히고설킨 관계를 다 파악하는 데 걸린 시간이 한 달이다. 그때부터 대사가 조금씩 귀에 들어오고 스토리가 이해되기 시작했다.

영어 교과서에는 절대 나오지 않는, 학원에서도 배우지 않은 표현들을 거기서 익혔다. 바보상자 TV가 내 영어 선생님이었다.

무료로 열리는 영어 교실이라면 어디든지 쫓아다녔고, 도서관에서 책도 열심히 빌려서 읽었다. 고3 때보다도 더 열심히 공부했다.

그런 극성(?)을 부린 덕분에 병원도 씩씩하게 혼자 다녔고, 귀국 후에는 영어로 먹고사는 직업도 구했다. '할 게 공부밖에 없는' 동네에서 푹 썩은(?) 덕을, 그렇게 보았다.

리틀 애플

"토토, 우리가 캔자스에 있는 거 같지가 않아(Toto, I've a feeling we are not in Kansas anymore)."

영화 〈오즈의 마법사〉에서 도로시가 강아지 토토에게 한 말이다. 이 대사는 이후 여러 영화와 드라마에서 변주되었다. 시골에서 대도시로 전학 온 아이의 단골 멘트이기도 하고, 실제로 그 아이가 캔자스에서 왔다는 설정도 많다. 그렇게 캔자스는 '깡촌'의 대명사처럼 쓰인다.

두 딸이 태어난 캔자스는, 내게는 애증의 대상이다. 신혼 시절과 육아로 점철된 7년 반의 세월, 20대 중반부터 30대 초중반까지 '꽃다워야' 하는 시절을 보냈지만 활짝 피지는 못한 곳.

한시라도 빨리 벗어나고 싶어 안달복달했는데, 귀국 후 주유소 광고에 나오는 드넓은 들판을 보고 남편과 거의 동시에, "아… 캔자스 생각난다…."라고 탄식을 내뱉으며 깜짝 놀랐다. "지긋지긋하다며!", "다시는 가기 싫다면서!" 이렇게 서로 놀리면서도, 뒷맛이 썼다. 빨리 한국에 적응해야 할 시기에, 우리의 마음은 하루에도 몇 번씩 태평양 건너로 달려가고는 했다.

국제전화도 비싸고, 이메일도 흔치 않던 90년대. 한국에 있는 가족, 친구들과 소통하려면 편지를 써야 했다. 봉투에 적힌 주소를 보고 다들 뉴욕에 사냐고 물었다. 하지만 사람들이 익숙한 지명은 뉴욕시의 맨해튼, 내가 사는 곳은 캔자스주의 작은 대학 도시 맨해튼. 거기는 빅애플, 우리는 리틀 애플로 불렸다.

자동차 번호판에 새겨진 Wheat State(밀의 주)라는 별칭처럼 밀밭이 많고, 소의 숫자가 사람보다 많다는, 농담인지 사실인지 알 수 없는 얘기도 떠돌았다. 도로시가 토네이도 바람에 휩쓸린 곳도 캔자스이지만, 한 번도 토네이도를 본 적은 없다. 오히려 우박이나 블랙 아이스, 뇌우(thunderstorm)가 무서운 기억으로 남아있다.

처음 리틀 애플에 갔을 때는 한여름이었다. 한국과는 정반대로 건조하기 이를 데 없는 무더위에 몸이 먼저 거부 반응을 일으켰다. 여름 두통은 건조한 날씨에 적응하면서 차츰 사라졌지만, 그 강렬함은 아직도 남아있다.

그토록 폭설이 오는데도, 다들 10시간 이상 운전해서 이웃한 콜로라도주까지 스키를 타러 다녔다. 캔자스에는 산이 없기 때문이다. 띄엄띄엄 손톱만 하게 보이는 집, 한가로이 풀을 뜯는 소와 말들, 끝이 안 보이는 밀밭. 고속도로를 달리면 지평선과 맞닿은 평원과 언덕에, 거리 감각마저 사라진다.

스키 실력이 늘지 않아서인지, 사실 콜로라도는 여름이 더 좋았다. 윈터 파크라는 시골 마을에서 로키산맥의 정기도 받고 시원한 바람을 맞고 돌아오면, 여름을 넘기기가 수월했다.

물론 거기 살 때는, 한강이 흐르고 산에 둘러싸인 서울을 많이 그리워했다. 대학생 때 좌석버스를 타고 건너던 한강이 그토록 보고 싶을 줄이야! 익숙하니 당연하고 눈앞에 있는 게 소중한 줄 모르는, 인간의 어리석음이다.

리틀 애플에서 '독박 육아'에 적응하며 '경단녀'로 살면서, 정체성의 혼란을 겪었다. 마음도 어지러웠고, 가장 바닥을 쳤다고 생각했다. 한국으로 돌아간 다음에는 뒤도 안 돌아보리라 맹세했다. 그 다짐이 깨지는 데 불과 한 달도 안 걸릴 줄이야….

영화 〈슈퍼맨〉에서 주인공 클락 켄트가 양부모와 함께 유년기를 보낸 곳도 캔자스로 나온다. 외계인이자 '히어로' 슈퍼맨이 아니라 '인간' 클락으로 돌아와서 마음 편히 쉴 수 있는 곳으로 묘사되는 캔자스.

내게도 캔자스는 그런 곳이다. 돌이켜 보면, 그때가 나의 황금기였다.

야밤의 추격전

"이혼 안 하고 잘 살아줘서 고맙다."

아무렇지도 않게 이런 말을 하던 친정엄마와 그 말에 화를 내거나 반박을 못 하던 나. 왜냐하면 스스로도 '결혼에 적합한 사람'은 아니라고 늘 생각했기 때문이다.

아빠는 알코올 분해 효소가 하나도 없는 분이었고, 그래서 집에서 술주정이나 해장국 문화(?)를 전혀 접하지 못했다. 결혼 후 가장 큰 '문화충격' 중 하나가 바로 술이었다.

술이 술을 마시는 단계가 되면 아무 말이나 주절거리며 몸을 제대로 못 가누는 남편은 내게는 완전히 낯선, '다른 사람'이었다. 민폐를 끼치는 술주정은 없지만, 내게는 그게 주사(酒邪)처럼 느껴졌다.

술 마신 다음 날 아침이면 무조건 속을 풀어주는 국이 있어야 하는데, 평소처럼 토스트와 커피만 차려져 있으면 신경질을 부리던 남편. 늦잠 자느라고 남편이 나가는지 들어오는지 모르는 아내들이 태반인 세상에서, 꼬박꼬박 차려주는 아침상이 고마운 줄도 모르고! 적반하장으로 오히려 야단을 맞는 게 억울해서 같이 싸우던 나. 지금 같으면 그냥 해장국 끓이는 방법을 배워서 준비했을 텐데, 당시에는 왜 그렇게 속이 괴로울 때까지 술을 퍼마셔야 하는지, 도저히 이해가 안 가서 화만 났다.

하루는 다른 유학생 집에서 저녁을 먹고 술을 마시다가 남편의 혀가 완전히 꼬부라지고, 눈엣가시 같은 행동을 하기 시작했다. 그때부터 단전 깊은 곳에서 부글부글, 마그마가 뜨겁게 솟아났다. 마음의 문에 빗장을 단단히 잠갔다. 그날따라 왜 그토록 폭발했을까? 한동안 꾸역꾸역 누르고 있다가 한꺼번에 터진 걸까?

집으로 돌아와서도 조용히 잠이나 잘 일이지, 그는 계속 이상한 말을 하며 신경을 건드렸다. 내 시선은 식탁 위에 있던 자동차 키에 꽂혔다. 대중교통이 없는 동네이니, 탈출을 꿈꾼다면 무조건 차 키를 손에 넣어야 했다. 머릿속에는 차를 몰고 3시간 거리의 캔자스시티 국제공항에 가서 한국행 티켓을 끊고, 이혼하는 그림이 그려졌다.

남편이 화장실에 들어간 사이, 나는 키를 확 낚아채서 밖으로 달려 나갔다. 행여나 그가 알아채고 쫓아올까 봐 심장이 터질 것처럼 뛰고, 다리가 후들거렸다.

막상 차를 몰고 나오긴 했지만, 상상대로 공항으로 직행할 용기는 없었다. 야밤 운전을 무서워하는 사람이 그 시간에 혼자서 고속도로 운전이라니, 애초에 말이 안 되는 계획이었다. 어디로 가야 하나, 머릿속이 시끄러웠다. 혼자 사는 여자 유학생들 얼굴이 차례대로 스쳐 지나갔지만, 핸드폰도 없던 시절, 이미 잠들었을 수도 있는 사람을 깨워가면서까지 민폐를 끼치기는 싫었다. 이역만리, 친구도 가족도 없는 곳에서, 자동차 안 외에는 갈 곳이 없는 신세라니…. 하지만 아드레날린이 머리끝까지 차서인지, 눈물도 안 나왔다.

그렇게 멍하니 여기저기 돌아다니는 사이, 어느새 뒤를 바짝 쫓아오는 자동차가 백미러에 잡혔다. 운전석에는 함께 술을 마셨던 유학생이, 조수석에는 남편의 얼굴이 보였다. 엄연한 음주 운전인데 그걸 감수하고(?), 아니면 남편이 하도 보채니까 뒤는 생각 안 하고 운전대를 잡았나 보다. 쫓고 쫓기는 사이, 방광이 꽉 차서 더 이상 참을 수 없는 지경에 이르렀다. 그게 아니었다면, 동이 틀 때까지 추격전을 벌였을까? 한밤중에 문이 열린 화장실을 찾아 헤매다 보니, 편의점 앞이었다. 하지만 막상 안에 들어갈 생각을 하니, 인적이 없는 고요한 가게도 무섭게 느껴졌다.

에잇! 나는 스스로를 저주하며 핸들을 확 꺾었다. 그렇게 야밤의 추격전은 막을 내렸고, 나는 '이혼 안 하고 잘 살아준' 착한 딸로 돌아왔다.

청담동 며느리의 변신은 무죄

감옥에서 탈출하듯이 한 결혼이지만, '버블(bubble)과 환상'이 깨지기까지는 그리 오래 걸리지 않았다. 아들이 부엌에 들어와서 얼쩡대는 꼴(?)을 못 보던 시어머니, 가정까지 꾸린 아들을 어른으로 대접하지 않던 시아버지 때문에 하루에도 몇 번씩 '충격파'가 내장을 뒤흔들었다. 그분들이 50~60년대 해외 유학파여서 당연히 친정 부모님보다 더 개방적이고 깨어 있으리라 생각한 나만의 착각은, 산산조각이 났다.

나를 배신한 건 시부모님만이 아니었다. 귀국하기 1년 전, 갑자기 공부를 때려치우고 한국으로 돌아가자고 폭탄선언을 한 남편. 애 둘을 낳으며 희생(?)했던 내 청춘이 물거품이 될 판이었다. 국제요금이 비싸서 한국에도 자주 안 하던 전화를, 당시 프랑스 파리에서 공부하던 친구 S에게 걸었다. 절박한 S.O.S.였다. 수화기를 붙들고 대성통곡하며 신세 한탄을 쏟아내니, 그제야 숨이 쉬어졌다.

다행히도 남편은 곧 정신을 차리고 박사학위를 받았다. 그런데 금의환향하는 그의 곁에서 나는 왜 그렇게 초라했을까. 딸아이 둘 외에는 7년 반의 시간을 어떻게 보냈는지 증명할 학위는커녕, 내 이름이 박힌 종이 쪼가리 하나 없었다.

유학생들 사이에 전해 내려오는 농담 가운데 하나는 '그동안 못 받은 효도를 기대하는 보상심리 때문에 귀국 후 부모와 자식 사이에 갈등이 많이 생긴다'였다. 청담동 시댁에 사는 동안 연타석으로 문화충격을 겪었다. 신혼도 아닌데 '며느리 노릇'을 처음부터 하려고 하니, 하루에도 수십 번씩 천사와 악마가 내 안에서 쌈박질을 해대었다.

초보 학부모로 적응하랴, 어른들 눈치보랴, 그 시절을 어떻게 겪어 냈는지…. 태어나서 결혼할 때까지 살았던 한국에 뭘 또다시 적응할 게 있냐고, 유난 떨지 말라고 할 수도 있다. 하지만 외국에서 한두 해만이라도 살다가 온 사람은 공감하리라. '빨리빨리' 문화만큼 변화도 빠른 한국은 그새 완전히 낯선 곳이 되었고, 내게는 특히 '무자비'했다.

소설을 다시 쓰고 싶어서 문학회 선배이자 모교에서 교편을 잡고 있는 시인을 찾아갔다. 선배는 다짜고짜, "노트북부터 사서 매일 도서관으로 출근해. 그리고 몇 시간씩 꾸준히 써. 소설은 그래야 해." 라고 말했다. 하지만 일자리를 찾고 있던 남편과 아직 유치원생인 두 아이를 생각하니 막막했다. 무슨 돈으로 노트북을 사며, 시댁에 얹혀사는데 어떻게 몇 시간씩 도서관에 가 있는단 말인가.

한국으로 돌아오기만 하면 바로 내 꿈을 다시 찾을 줄 알았다. 평생소원인 등단을 위해 매진하게 될 줄 알았다. 하지만 시부모님이 오매불망 상상해 오던 며느리의 모습과는 상당한 괴리가 있었다. 말 잘 듣고 순종하는 며느리, 남편을 잘 보필하는 아내, 그리고 전업주부로 아이들 잘 키우는 엄마….

궁궐 같은 청담동 시댁은, 그토록 탈출하고 싶어 한 친정집과 별반 다를 바 없이 숨통을 조여왔다. 그때는 결혼을 하며 탈출했지만, 이제 어떻게 탈출해야 하나?

만약 분가를 못 했다면, 계속 착한 며느리 '코스프레'로 '참을 인(忍)' 자 3개를 매일 새겼다면, 평생 '청담동 며느리'로 살았을지도 모른다.

하지만 성격이 팔자(八字)를 만든다고, 나는 반년 만에 시댁에서 쫓겨나는 쪽을 택했다. 처음이자 마지막으로 말대답을 하며 대든 날, 핸드폰도 안 받고 반나절 동안 가출(?)했다가 귀가한 시어머니는, "너하고는 이제 한집에서 못 살겠으니 분가해라."라는 말을 남기고 방으로 들어가셨다.

그렇게 자의 반 타의 반으로 제2의 탈출이 이루어졌다. 물리적인, 그리고 심리적인 거리가 확보되니 다시 사회로 나가야겠다는 결심이 섰다. 파트타임 유치원 영어 강사로 시작해서 외국어교육 회사의 부장까지, 20년 이상 한 분야에서 경력을 쌓았고, 퇴직 후에는 수필가와 헤드헌터로 제2의 인생을 살고 있다.

이만하면 청담동 며느리의 변신이라고 할 수 있지 않을까?

에필로그

하루에 응급실을 두 번 간 남자

외마디 비명에 눈을 번쩍 떴다. 초저녁잠이 많은 나는 이미 잠들어 있을 시각. 귀를 쫑긋 세우니 현관에서 들리는 남편의 신음 소리가 아닌가!

"아니, 여기서 뭐 하는 거야?"

신발도 제대로 못 벗고 마룻바닥에 쭈그리고 누워 있는 남편. 배가 아프다며 떼굴떼굴 구른다.

"배가 너무 아파서 강남 세브란스 응급실에 갔는데… 좀 괜찮아져서 택시 타고 들어오다가… 아이고…."

더 이상 지체하지 않고 119를 눌렀다. 태어나서 처음 부른 구급차.

엘리베이터가 없는 빌라 3층, 계단으로 올라오는 구급 대원들에게 미안한 마음이 앞섰다. 몸무게가 적지 않은 남편을 들것에 싣고 다시 그 계단을 내려가야 하니…. 이런 민폐가 있나!

자고 있는 막내를 깨워 대충 상황을 설명하고 자동차 키를 챙겼다. 큰딸은 당시 대전에 있는 외국인학교 기숙사에서 지낼 때였고, 집에 막내만 두고 나가기가 께름칙했다. 다음 날 학교에 가야 하는 아이의 단잠을 깨우고 부모가 자식을 걱정시켰으니, 딸에게도 민폐를 끼쳤다.

지금까지도 도저히 이해가 안 가는 부분은, 애당초 응급실에서 장염이라는 진단이 나왔는데 집에 연락도 안 하고, 왜 굳이 제 발로 걸어 나왔냐는 거다. 술에 취해서 상황 판단을 잘못했나? 이래서 술이 술을 마시면 사방팔방에 민폐가 된다.

수액만 다 맞으면 귀가해도 좋다는 얘기를 듣고, 눈을 감고 있는 남편. 그 모습이 천하태평으로 보여, 얄밉기도 하고 안쓰럽기도 했다. 모래가 낀 것처럼 까칠한 눈을 억지로 감고 고단한 심신을 달래고 있는데, 핸드폰이 지잉 하고 울렸다. 막내의 문자를 읽으며 나도 모르게 폭소가 터졌다.

"남편은 다 죽어가는데, 뭐가 그렇게 재밌냐?"

농담이 나오고, 궁금증이 생기는 걸 보니 이제 좀 살 만한가 보다.

"으이그! 당신 막내딸이 뭐라고 문자한 줄 알아?"

"뭐라고 했는데?"

"'아빠 죽는 거야?'라고 왔어. 애한테 미안하지도 않아?"

타박은 했지만, 다시 웃음이 터졌다. 남편도 아픈 배를 움켜쥐며 키득키득 웃었다.

하루에 응급실을 두 번 간 남자. 그런 사람을 내가 데리고(?) 산다.